服の色で、損する人、飛躍する人

後藤妙子
色と服で心を着替えさせる
マインドリノベーター

みらいパブリッシング

序章

「黒さえ着ていれば問題ない」と思い込んで服を売っていた私が、黒を脱いだワケ

60歳で13号サイズ。そんな主婦が明るいアクアブルーのスーツを着ちゃうの？

「服がエネルギーを奪う」って？　そんなことあるのかと不思議に思いますよね。

かつての私はそんなことを考えもしないで真っ黒い服に身を包み、「これが最高だ」と思い込んだまま16年もの間、婦人服を販売する仕事に携わっていました。黒は無彩色で、色の世界でも一番重たく感じさせるぶん存在感があり、たくましく落ち着いたイメージがあると思います。私もこの色のたくましさに頼り、鎧のように着ていたのでした。

そんな私が16年も勤め続けた会社を辞めることになったのは、お客さまから教えられた「似合う色」の存在がきっかけでした。

黒が一番お洒落な色だと信じ込んでいた私ですから、人それぞれの肌色によって似合う色が存在することなど聞いたことがありません。「似合う色」の存在を教えてくださったお客さまは、以前までは私がお薦めする黒や落ち着いた色を購入されていた常連客でした。ところがある日、店頭にやってくると突然、色手帳を私に見せて「これが私に似合う色調だから、当てはまる色のスーツを探して欲しいの」とおっしゃるのです。そこにはコーラルピンク、ブライトイエロー、アクアブルーなど、スーツの生地としては見たこともない鮮やかな色彩が並び、あっけにとられた私は「こんな色、60歳のふくよかな女性が着て大丈夫なの？」と心の中でつぶやきました。

健康的で朗らかな色が次々と目に飛び込んできて驚愕するばかりでしたが、私も洋服を販売するプロとして怯んではいられません。「この売り場の中からご希望に沿えるものを選ばねば」とフロアを見渡し、探し出したのが明るいターコイズのスーツでした。

（さすがマズイでしょ、この色は！）と心の中で叫びながらも平静な顔を装い、「こちらは、いかがでしょうか？」とお持ちすると、「そうそう！　これよ！」と満足げな表情をして、いそいそとフィッティングルームに入って行かれたのです。

そのとき心の中では「ヤバい！」と驚く私と、「冷静に振る舞え」と諭す販売員としての私が、こんな会話を繰り広げていました。

「13号サイズのふくよかなご婦人があんな明るい服！　それもよりによってスーツだよ？　全身ターコイズの明るくまぶしい色を着るなんて、どうかしちゃったと思われるでしょ⁉」

「そんなこと言ってもしょうがないわよ！　本人がいいって言うんだし、似合う色を調べてきているのだから、こちらがとやかく言えるものでもないでしょ！」

「そうだけど……。でもヤバいでしょ！　ああ、どうなるんだ！？　まともな出来映えになっているとはとても思えないよ～！」

そんなひとり問答をしていると、お客さまがフィッティングルームから出てこられました。すると……。


私の想像は見事に裏切られたのです。ターコイズのスーツを試着された姿はとても溌剌としてお似合いで、お顔も晴れ晴れして見えるではありませんか！

それを目にした私は、雷に打たれたようなショックを受けました。「なんで？　絶対似合わないと思っていたのに、なぜこんなに似合っているの？　あんなにキレイなブライトカラーを60歳のご婦人が着こなせるわけないじゃない！　これは一体、どういうこと⁉」

似合う色は、それまでの自分の思い込みとは関係なく真実を突き付けてきた

私はこの衝撃的な出来事から、自分の好き嫌いとは別に「似合う色」があることを知らされました。生まれ持った肌色には決まった色がある。つまり血液型のようなものです。ブライトカラーのスーツを見事に着こなしたお客さまを目の前にした私は、心の中で焦っていました。

「これはマズイぞ！　ファッションの会社にいても、似合う色の話なんて話聞いたことないし」

さらにお客さまが残念そうにつぶやかれた言葉が、グサリと胸に刺さりました。

「あなたが（私に似合う色を）知っていてくれたら、もっと良いのに」

当時の私は、勤務先が全国展開するファッションブランドで全国1位か2位の売り上げをあげていました。「あなただから買いに来るのよ」と言ってくださるお客さまも多かったのです。60歳のご婦人もそんな常連客のひとりで、大きな信頼を寄せてくださっていました。そのお客さまの表情と言葉からは「これほど人の心を掴む接客をできるあなたが、肝心な色のことを知らないなんて」との思いが伝わってきました。要望に応えられない自分を認めるしかなかった歯がゆさ。お客さまの喜ぶ接客を目指していた私にとって、大変悔しい出来事であり、大きな危機感に襲われたことをよく憶えています。

このことをきっかけに、「すぐ似合う色とやらを勉強しなくちゃまずい」との想いに掻き立てられた私は、色の世界へと吸い込まれていったのです。

さっそく仕事と並行しながら、色の知識を学べる学校へ通い始めました。そこで人生2回目の衝撃が走ります。色彩を学んだ結果、自分に似合う色は「サマー」タイプだと分かったのです。パーソナルカラーには肌色に合わせた4つの区分(サマー、ウインター、スプリング、オータム)があります。この中の「サマー」は、今までの自分では全く受け付けられない「優美さ」を印象付ける色でした。

私は腹立たしくなり、「優美に振舞って生きていけたら、誰も苦労しないじゃないですか！」

と先生に怒りをぶつけてしまったほどです。なぜ、それほど怒っていたか。それは、幼少期のトラウマにあります。とても感情的で強い性格の母に振り回され、戦いと緊張状態を繰り返す日々を送っていた私は、「気を抜いたらおしまいだ」と思うようになりました。つまり、その対極ともいえる「優美さ」は、自己防衛の邪魔をする「敵」と捉えていたのです。

肌色に宿る「本当の自分」と出会うために、服の色を変える

それでも、大嫌いな「優美さ」を表すサマータイプの色を着ることにしたのは、

「あなたが（似合う色を）知っていてくれたら、もっと良いのに」

と、あのときお客さまに言われたことが悔しく、色のことを制覇して語れるようになりたいとの意地があったからです。働きながらお金と時間を工面して学校にまで入ったのですから、もう後には引けません。自分を実験材料としながら、必死に色の知識を積み上げました。しかし私を変えていったのは、知識ではなく「着こなす」という日々の行動でした。自ら似合う色を着こなせなければ、お客さまに似合う色をご提案したところで、なんの説得力もありません。

まだ独立前でしたが、少しずつ色の診断を行うようになった頃、自分に似合う「サ

マー」の色を着てお客さまのもとへ出向くと「さすが！　先生、お似合いですね。オーラが違います！」と言われました。

サマータイプの色を好きになったわけではありませんでしたが、似合う色を提案するプロ（パーソナルカラーアナリスト）としては、自分が似合う色を着ていないと説得力もないし、せっかく着るなら似合う色を着た方が良いに決まっている。その程度の気持ちで大してテンションも上がらないないまま似合う色を着ていたのですが、そんな気持ちとは無関係に褒められる体験がどんどん積み重なっていったのです。そして、街なかや電車でもやたらと視線を感じるようになりました。理由が分からず身近な友人に尋ねてみると、

「似合う色を着ていると、それが説得力となって滲み出るから、人の目に止まるのよ」


と言われました。

好きであろうがなかろうが、似合う色は私を自然と輝かせているのだと納得しました。自分の感情とは関係なく、着てさえいれば他人から褒められる……。不思議な感覚でしたが、褒められて悪い気はしません。やがて私は、キライだったはずの「優美」な色が、自分を支えてくれるエネルギーなのだと感じ始めました。

カラー診断を行うために受験した色彩検定の知識の中に「色は唯一、見える電磁波」との言葉があり、見えないはずの電磁波を見ているのかと感動したものです。嫌っていた色を毎日着ているうち、適した色は私を守ってくれる上にオーラのような雰囲気を創り上げ、気持ちを楽にしてくれていると感じるようになりました。そして徐々に「優美」な色を認めていくようになりました。こうして私は色が持つ不思議な力を体感し、その威力をお伝えしていくことに全力を注ごうと決めたのです。

ちなみにこの本には、自分に似合う色を判定するためのカラーチャートやアドバイスはのせていません。私が本を通してお伝えしたいのは、似合う色を身にまとうことが自分の価値観やメンタルを変える大きな力を持っていること。そして仕事のパフォーマンスを最大限発揮するためにも、メンタルを整える手段として色を上手に活用してもらいたいこと。似合う色が持つパワーを知っていただき、「心を着替える」キッカケとなれば、幸いです。

序章

目次

序章

「黒さえ着ていれば問題ない」と思い込んで服を売っていた私が、黒を脱いだワケ

第1章

着ている服が、知らないうちにストレスを増やしている

第2章

心に「栄養を与える服」と「エネルギーを奪う服」

第3章

パーソナルカラーから メンタルを読み込む「トゥルーズカラー」の4つの栄養

第4章

「栄養のある服」があなたの心を気持ちよくする

第5章
自分を服から受け入れたことで人生を変えた人たち

第1章

着ている服が、知らないうちにストレスを増やしている

自分に合わない色の服に「エネルギーを奪われている」という真実

無彩色の説明

あなたは、色を意識して服を選んでいますか？　あまり意識していない場合、黒・グレー・白といった無彩色を多く選んでいるのではないでしょうか？　無彩色は彩りがない分、さまざまな色と合わせやすいと思われているので無意識に多用してしまいがち。ですが、この色が似合う人はパーソナルカラーの「ウィンター」に属するタイプの人だけで、ほとんどの人にとって適正ではないのです。

細かい説明は後に回すとして、この「無彩色」について少し説明しておきましょう。

有彩色がカラーテレビだとしたら、無彩色は白黒テレビです。画面を思い浮かべると、カラーは文字通りカラフルで楽しいイメージがありますが、白黒テレビは寂しく高揚感がなく、画面に熱量が感じられませんね。

これと同じように、無彩色の服は多くの場合、血の気のない、活力のない人に見せてしまいます。この熱量のない冷淡な雰囲気が似合う「ウィンター」の人は、もともと非常にエネルギッシュな活力に溢れたタイプ。ですから表面に熱を持たない白黒が、その強過ぎる熱量を表面で吸い取ってくれる役目を果たし、バランスをとっているのです。

無彩色の実態

しかし、無彩色はほとんどの人に適合しないタイプですから、多くの人が冷淡で血の気のない不健康な印象をわざわざ作っていると言っても過言ではありません。日本社会では黒や紺がビジネスライクできちんとしたイメージがあり、それに頼ろうとする心理が働くあまり、無彩色や紺を「常識的な色」と勘違いしているだけなのです。

では、どうしてここまで無彩色や紺といった地味なベーシックカラーが多用されるかといえば、ビジネスでは一定のきちんと感が必要であり、好き勝手にさせておくと、とんでもない格好の人が出てきてしまいます。これを避けるために形だとスーツ、色はベーシックカラーという「制限」が加わり、統制をとっているに過ぎません。ここから「無難」つまり「難が無い」との考え方がビジネスファッションにおいて定着しています。

特に日本人は枠から外れた個性的なことに対して「和を乱す」との意識が強く、同調が重んじられていますから、必要以上に「無難」という言葉と感覚が重宝されているように思います。ですが、無彩色は白黒テレビを見ているように、血の気のない冷たさが出るので、あなたの熱量を吸い取って寒々しい印象を与え、個性を封じ込めた状態に陥っているのです。

無彩色・似合わない色による問題…エネルギーを奪われる

多くの日本人は、長い間、似合わない色で自分を封じ込め続けた結果、自分らしさがどこにあるかを考える触覚が退化してしまい、すっかり個性を出せないステレオタイプのパターンにはまっているのが、特徴と言えるでしょう。

オシャレな人が多いといわれるイタリアでは、小学生くらいになると自分でブティックに行って服を買う練習を始めるそう。店員をはじめとする周囲の大人たちから、服のチョイスについてとやかく言われる訓練をしていくと言います。大人になるまでこれを十数年繰り返してセンスを磨いていくわけですから、日本人が叶うはずないのです。

一方、個性磨きをしていない日本人は、枠から外れた人を非難して「無難」、つまり安全であることばかり望む体質が出来上がってしまうわけですね。「色を使わない＝個性を出さない」ことに飼い慣らされたまま、心に一生、制服を着せて生きるようなものです。

身体への影響を考えてみても、似合わない色を着ることは「適正ではない電磁波」を自分に浴びせることと同じでお薦めできません。たとえば、身体に合わない食品を知らず知らずのうちに毎日食べ続け、少しずつ身体に負担を与えて体調を崩しているようなものです。

私のお客さまに整体師の方がいらっしゃいますが、自分に似合わない黒のスパッツをうっかり履いて行った日に下半身が冷えて仕方ないと感じ、慌てて黒を脱いだ。との話をしてくださいました。自分に適した似合う色を着るようになると身体が楽になるので、違和感をキャッチするセンサーも鋭敏になってきます。

私が自分に一番似合う「紫」を多用するのも、身体が楽と感じるからです。「同じ色ばかりで飽きないの？」と聞いてくる人もいますが、寝心地の良いベッドに飽きがこないのと同じこと。シーツやカバーのように付属品は季節によって変えるとしても、ベースである心地良い色は手放せません。

その結果、起きている現実問題…あなたはパワーが減り、自信がないように見える

似合う色を着ると自分と同調するので身体が楽になり、服の色による電磁波に守られている感覚が出来上がるのと同時に、自ずと自信が湧いてきます。似合う色を着て全身をコーディネートすればステキに見えるのは当然で、何度も褒められるので、いつしか「ステキな自分」が普通になります。普段の自分がいつも人から褒められれば、自分の気分（メンタル）が上がることは容易に想像できるでしょう。これとは逆に似合わない色を着ていると、あなたの良さを表現できないばかりか、ウソをついている

ような違和感が出てしまい、どこかに無理している雰囲気が漂ってしまいます。

結論。あなたはお金を使って疲れを買っている

「無難」という言葉に慣れ、無彩色を多用することで心の平和を保っているとしたら、それは大きな勘違い。実のところ、不健康な自分をさらしているのです。しかし、実際には多くの人が、こうした不健康な状態を「日常」と感じてしまい、自分の健康な状態がどんなものかを感じる力すらなくしているのが、ファッションの現状といえます。

私は高級ブランドを着ることはありませんが、お陰様で「いつもステキですね」と褒めていただけます。服のセンスは特別あるわけでもないのですが、「似合う色」を追求することでセンサーが鋭くなったことは確かです。つまり、あなたも似合う色を「栄養」として自分に与えることが出来れば、「ステキですね」と言われることが通常となるのです。お金を出して服を買う以上、わざわざ疲れて無理しているように見え

る服を買うのはもったいないことです。どうせ買うなら、まわりから褒められ、心が弾み、体調が軽やかになるような、似合う色のファッションにお金を使うべきです。

「好き」という思い込みに潜む危険な罠

そもそも「好き」とは何で出来ている?

服を選ぶとき、おそらく一番の基準は「好き」「気に入った」といった感情で、その次に「着る目的に適しているか」、続いて「着やすいか」といった順番になるのではないでしょうか。しかし、私たちはこの「好き」に結構騙されてしまっているのです。それは、「好き」の感情がどこから来ているか、つまり感情のおおもとがどの領域から起きているかによって、そのエネルギーがポジティブなのかネガティブか、方向が全く違ってくるからです。

「好き」というポジティブな感情は、「理由もなく小さいときからそうだった」といった比較的シンプルなもの。これに対してネガティブなものだと、好きな理由を言えたり、理屈をひねり出しがちです。例えば、一輪の花を見て「色がキレイ」「大輪の花が華やか」などの褒め言葉が出てきますよね。これらの言葉の中には、自分に不足している部分を補いたいとの「枯渇感」が根底にあることが珍しくありません。人は枯渇感があるから憧れを追い求めて成長しますし、日常生活で疲れる自分を癒やしたいとの思いを責めているわけではありません。しかし、同じ花を見ても満たされない自分を癒したいのか、満たされている自分を花と重ね合わせて感じるかは、同じ美しいものを見ていても根源的なエネルギーの方向に大きな違いがあります。

心の枯渇を埋め合わせたいために「好き」を追い求めているとしたら、あなたの日常は疲れることで成り立っており、自分を疲れさせている日常を愛していないのではないでしょうか？　このように「好き」の基準は、不足感の埋め合わせに使われやすく、満たされた自分を味わうものではない場合が多いのです。

不足を埋めたいのは自然なこと…後藤のケース

私のことを例にお話すると、高校生くらいの頃から黒い服を好んで着ていました。母は黒い服が好きで似合っていたので、それを身近で見ていたからでしょう。いつしか「おしゃれな人は黒を着る」と刷り込まれていきました。服が好きになっていた私は、就職先にファッション業界を志望。時代も「カラス族」との言葉が生まれたほど真っ黒ずくめのファッションが流行した１９８０年代でしたので、黒さえ着ていればオシャレという風潮で、それが正しいとさえ思っていました。

ところが１９９０年代に入って黒色ファッションブームが過ぎ去り、ナチュラルカラーが流行りだしても、私はその変化を受け入れられませんでした。それは、私が心の不足感を埋めるために黒を好んでいたからです。黒が似合う母への対抗心が原因だったと、後で気付かされました。色彩学の視点から見ても最も重く強く感じる「黒」は、私にとって戦うための鎧の役目を果たし、感情的で黒が似合う母に負けまいと心に誓った、無意識の現れだったのです。

母はなりふり構わず感情を爆発させられる強い人でしたから、私は自分が弱く（子どもなので当たり前ですが）、一方的に攻撃をされてしまう人間だと勘違いしてしまい、そこから身を守らないと自分がぶれてしまうと危機感を抱いたのだと思います。冷静に考えてみれば、相手が感情的で勝手に怒っていたからといって、それをぶつけられた側が弱いとの論理にはならないのですが、大人と子どもの間で強弱関係がある場合、子どもは多くの勘違いと思い込みを刷り込まれてしまうのは仕方ありません。

たとえ勘違いだとしても、自分より立場が上と感じる人から強烈に叱られたり感情をぶつけられたりすると、そのショックがトラウマとなって、予防策を考えなければと無意識レベルで危険信号が灯ります。このようにして好きでもない色を好きだと思い込むのは案外、たやすいことなのです。

これとは逆に、自分をネクラだと感じて何とかしたいと切望し、むやみやたらと明るい色を着てチンドン屋のようになってしまうケースもありますね。また思春期の頃、似合わないのに派手な金髪にしてしまうのも、攻撃的なメンタルを露出させることで自我を奮い立たせたいからであり、形は違えど誰しも通る道です。

このように、枯渇感は色や服装に反映されやすいのですが、それを自分の好みとして自然に捉えてしまうところが、無意識レベルにおける巧みで面倒な作用ともいえます。

不足を埋めたい感情が「好き」と勘違いさせる

「自分に似合う色」の存在を知るまで、私は黒という「鎧」が最高だと思い込んでいました。今思えば、この哀れな状況は、自分に力が足りないと思うあまり、無意識のうちに自分を守ろうとする切ない防衛本能だったように思います。本当は黒を好きなわけではなく、足りないエネルギーへの枯渇感の象徴に過ぎなかったのですが、当時は黒をこよなく愛しているつもりでいたのです。

もし似合う色の存在を知ることがなかったら、私はこの勘違いをどこかで見直すことが出来たのだろうか？　とさえ思います。何せ好きだと思い込んでいましたから。

よく、ダメ男を好きになってしまう女性がいて、端から見れば「やめておけばいいのに」というタイプばかり恋してしまうケースがありますが、これと同じですね。あなたを幸せに導くとは到底思えないけれど、そういうのが好きなんだよね、という「恋の罠」みたいな状況が、あなたの毎日を支える服にも起こってしまっていませんか？

結果、不都合を抱きしめ続ける

間違った恋と同じように、当時の私も黒を手放してはいけないと思っていたのでしょう。

身の危険を感じて怯える毎日を日常だと思い込んでいるなんて、哀れな話ですね。

私は黒を着続けることで黒の電磁波を身体と心に浴び続け、「私は力不足で危険な日常だから、鎧をきて身を守らないといけない。心が安らぐ暇などない。戦いが私にとっての日常であり、人生は戦いの連続なんだ」と、自分で自分を縛っていたのです。

ですから、次から次へと難題を引き寄せていました。結婚した夫の暴力はまさに戦いの象徴で、戦う相手が母から夫に変わっただけでした。母から離れたくて結婚したはずでしたが、私が苦労を愛していると錯覚したままの状態ですから、またもや苦難の結婚生活が始まったのです。もちろん結婚当初はこのような解釈が出来ていませんから、夫が突然キレて空中に物が飛ぶことを避けるために、なおさら気を使う生活となり、身も心も限界へと向かっていきました。結局は16年後に子どもを連れて逃げ出すことになるのですが、このとき私を救ってくれたのが「色」だったのです。このお話しは、後ほどお話しししたいと思います。

ところで服を買いに店に行くと、販売員さんにこう言われたことはありませんか？
「黒と合わせると、すっきりまとめられますよ」
「黒は合わせやすいので、何かと使いやすいですよ」

私は、店員さんが接客でこうしたセールストークを連発するのを聞いていると、気の毒な気持ちを抱いてしまいます。「この店員さん、何も知らずに、とりあえず黒。と言ってしまうのね」と。アパレルの接客業界ではそういうことが常識的慣習となっており、そう指導されているでしょうから、店員さん個人をどうこういっても仕方がありません。ですが、あなたがつい自ら黒を買ってしまうとしたら、それはどこから来た無意識に突き動かされているのでしょうか?

何度も言いますが、実際、黒が似合う人はごく一部の人だけです。さも王道のように使われてしまうのは、無彩色には有彩色を全て飲み込む力があり、着る人の肌色を無視してコーディネートが成り立っているように見えるだけ。「カレーはご飯と食べるに決まっている」と言っているのと同じです。大多数はそう思っているでしょうが、カレーにはナンが常識だと思う人も、パンが常識な人もいるはずです。そんな人たちにすれば「ご飯が美味しいに決まっている」と強要されたくはないでしょう。個人差を無視して「黒は何にでも合う」との思い込みは、「本当の自分に気付かないまま、無意識の恐怖に一生振り回わされていなさい」という、悪魔のささやきに操られているようなものです。

問題が解決しないのは、解決しない服を着ているから

問題があると気付いていないことが、そもそもの大問題

このように自分の「好き」に基づいた服選びが、あなたの日常を静かに蝕んでいるかもしれませんが、自分が好きで選んだものに問題が潜んでいるとは、思いもよらないはずです。私の診断を受けられたお客さまの中には、人からこう言われてガッカリしたとの声を時々お聞きすることがあります。

「似合う色の診断だって？　そんなことしたら好きな色を着られなくなるじゃないか！」

こう発言された方はきっと、これまでの価値観を手放してしまうと生きていけなく

なると無意識で感じられたのでしょう。絶対に黒がいいと思っていた、かつての私のように。

似合う色を知っても、それを着るかどうかはご自身の選択です。「知ったから好きな色を着られない」と考えてしまうのは、似合う色を知っているのに着ない自分は〝へそ曲がり〟だと誰かに非難されることを恐れているからではないでしょうか？ つまり、この人の「好き」は、やはり枯渇感からきたものだと推測できます。枯渇を癒やしているつもりの好みを、診断という客観的なものさしで否定されたら大変だと感じ取り、事前に避けているわけですね。

逆に「面白そう！」とか、「えっ、何それ？ そんなのあるんだ？」と関心を寄せる人は、それまで自分が「好き」と感じていた判断基準に勘違いを見つけ、無意識の恐れが作り出していた「罠」を解いていこうと前向きなエネルギーが働きます。

自分が長年培ってきた価値観や嗜好を否定されるのは心地良いことではありませんが、上昇志向のあるビジネスパーソンだと、「確かに自分の好きな色もありますが、それよりもっと相応しい色があって、それを使うことで自分が良くなるなら、その方が良いに決まっていますからね」とあっさりしたものです。このようにニュートラルな方にお会いすると、かつて自分が似合う色と出会ったときの抵抗感は凄まじいものがあったなと、その痛々しさに今さら苦笑いしてしまいます。

自分を開発していくことに喜びを感じられる人は、変化を楽しみと捉えることが出来ますが、かつての私のように強烈な枯渇感から「好き」と勘違いしていると、もの凄い抵抗感を抱いて変化することを嫌います。どこかで変わらなければいけないからこそ、きっかけが必要だと今では理解出来ますが、色を学び始めた頃の私は闇を抱え、長い心の旅路の出発点に立ったばかりだったのです。

他人を変えることで、解決しようとしてしまう

自分が抱える悩みを解決しようとするとき、問題点を検証して原因を突き止め、同じ事が起こらないよう何をどうするか。また悩みの原因となっている相手がいれば、何を働きかけるか考えますよね。

ルールのように周知の決まりごととして変更するのであれば、その働きかけは有効でしょう。なぜなら、相手の考え方をどうこう言っているわけではないからです。しかし、家族や恋人など身近な人に対して問題を抱えていた場合、相手の感情や気持ちのありようを操作しようとすると、必ず問題が膨らんでいきます。相手の言動は、その人の中で起こる感情によって動かされていますから、それを他人がとやかくコントロールすることなど出来ないからです。それでも、「私が嫌だと伝えたのだから止めてくれるはず」と期待を抱き、相手を変えようと躍起になってしまうこともあるでしょう。

相手の中にある思い込みや、そこからうまれた恐れや悲しみがもたらす痛みにとって、他者のお願いなど関係ありません。出来てしまった傷が治っていなければ、その傷に触れられたら痛いのです。あなたが悪気なく傷に触れてしまったとしても、相手は「痛い!」と声を上げてしまいます。「私が我慢してとお願いしているのに、あなたはどうして痛がるの?」と言われても、どうしようもありません。だって、痛いものは痛いのですから。

つまり、感情はルール通りに動きはしないのです。痛みをつくった傷が完治させるか、或いは傷と付き合う対処法としてメンタルを鍛え上げ、傷が気にならないレベルになるまで手当をしないと反応は変わりません。

相手の心へ勝手に入って痛みを治すことなど神様でも出来ないでしょうから、結局のところ対処法がないことになります。そう、よく耳にしますよね、この言葉。「人と過去は変えられない。変えられるのは自分と未来だ」と。自分を変えるって？　私のどこが悪いんだ？　私は一生懸命生きてきたし、今だって何ひとつ手を抜いていない！　そんな台詞が、あなたの脳内をよぎりませんか？

問題の種が自分にあると思わないから自分を変えない、きっかけが分からない

私も思いっきりこの台詞を吐きながら、拳を握りしめていました。結婚して夫が暴力を振るうタイプだと分かったとき、子どもが生まれれば変わるかもと淡い期待を抱いて出産しました。しかし、子どもを可愛がる夫の姿があったとしても、彼の心の傷はずっと消えないままなので、問題行動は変わりません。

「私は懸命に仕事も家事も育児もやって、必死に前向きに生きている。でも彼は自分に問題があることに気付かない。いや、気付いていても変える気がない」

なんであんなに破滅的なんだ？
なんであんなに人を傷付けられるんだ？
なんであんなに自分勝手なんだ？
なんであんなに後ろ向きな生き方なんだ？

もう、何もかも分からないことだらけでした。私の信条は前向きであることでしたから。彼はきっと心に計り知れない傷を負っていたのでしょう。でも、私も強い母親の攻撃に耐えて育ち、それでも自力で前向きさを保ってきたので、反省のない人間を理解できませんでした。そして、耐えたあげくに私はＰＴＳＤ（心的外傷後ストレス障害）を抱えていたことに気付き、とうとう鬱を発症してしまいました。こうして、のちに息子を連れて逃げ出す決意をすることとなっていったのです。

こう話すと、私がかわいそうで夫が悪者となりますが、そういうことを言いたいのではありません。

「正しいのは自分。間違った行動をしてしまう夫が変われば、何も問題ないんだ。私はちゃんとやっている！」

これが、当時の私の主張でした。しかし、先ほどもお話したように、人の心の中に入って傷を修復することなど出来ないのです。私が自分の正しさを主張して夫を断罪すればするほど、彼は自分が受け入れられていないと感じ、荒れていくばかりでした。私は夫を受け止める余力などなく、正しさを主張して自分を奮い立たせ、毎日を生き抜くことに必死でした。ですから、当時の自分を責める気などありません。彼の痛みは想像できても、それを癒やすことなど到底出来ない。自分には手に負えないものであり、身に危険が迫るくらいなら立ち去っていい、諦めてもいい。人の心は容易に変えられないことを、そのとき学んだのです。

当時は逃げることに必死で、その辺りの細かい心模様は自分の奥底に封印していたと思いますが、今考えると、かなりの敗北感があったと思います。鬱になったことが敗北感を増幅させ、何も考えられないほどエネルギーはどん底へと落ちていきました。

離婚問題は私が色を学び、似合う色を着るようになって3年ほど経った頃に明確化してきたのですが、好きでもない「似合う色」を着続けることでエネルギーの調整が進み、大きな問題に着手させられたのだと思います。

私に似合う色の「紫」は、人を断罪し続ける視点から卒業させるナビゲーターの役目を果たしました。本来の役割である人助けを果たす人間へと私を変えるために、今抱えている問題に向かわせてくれたのです。さらには、自分が完璧な人間ではないこと、出来ないことがあってもいいし、人に頼ってもいい。我慢ばかりが美徳ではなく、自分を生きるためにときには逃げてもいいと気付かされました。

もし黒を着続けていたら、私は自己主張を続けて夫に刺し殺されていたかもしれません。なにせ、黒は私にとって戦闘体制の色でしたから。その黒を脱いで似合う色を着続けたことで、褒められる体験を通して自分を守るエネルギーを作り上げていったのでしょう。

経済的に困窮するとか、新築の家から出て行かねばならないといった不都合はたくさんありました。それでも、最後には小学生の息子から「離婚していいよ」と背中を押され、二人で家を出る決意を促したのは、私には似合っていなかった「黒」を脱ぎ捨てられたからだと思います。

「私は正しい、相手が変わるべきだ」とずっと思っていましたが、命を落としては話になりません。納得いかないことだらけでしたが、似合う色の力を借りて自ら行動を起こし、全ての価値観を切り替えていきました。

正解の服を着ると悩みが消える理由とは？

着る色が無意識に働きかける、電磁波は第2の血液型

私も自分が似合う色に出会うまで、色は嗜好の対象でしかありませんでした。しかし私は、色によって命を守られたと言っても過言ではない体験をしてしまったのです。今日まで生きてきて思い返せば返すほど、「人の目で唯一見える電磁波」という物言わぬ波動に、神の仕業を感じざるを得ません。色を目で見て美しさを楽しむのはもちろんですが、各々の色には電磁波の領域というものがあります。

たとえば、私たちが目で認識できる電磁波は３８０～７８０㎚（ナノメートル）と言われており、「紫」が３８０㎚でその外側を紫外線と呼び、７８０㎚は「赤」でその外側が赤外線となります。私たちはレントゲンや電子レンジなど様々な波長の電磁

波を日常生活で使っており、なかでも目に見えるのが「色」と呼ばれる領域の電磁波です。つまり、色は電磁波の仲間でありながら目に見えるから楽しみ、味わい、活用しているわけです。

しかし、電磁波が人体に与える影響は良いことばかりではないのは周知の事実ですね。ですから、あなたに似合う色＝あなたに似合う（良い影響を与える）電磁波となるわけです。血液型も適合するものを使わないと身体に問題が起こりますから、色という電磁波も適合しないと身体に変調をきたし、適合する電磁波だと調子を整えてくれることは、容易に想像できるでしょう。

似合う電磁波の情報は、あなたの肌の中に埋め込まれています。それを調べるのがカラー診断であり、私は似合う色を「第2の血液型」と説明しています。調べないと分からないけれど、誰もが持って生まれた「型」であり、それを上手く使うことでストレスが起こりにくくなる電磁波を受け取れるようになります。

電磁波は見えない透過力があり、心にもその振動を伝えていく作用があります。似合う色を身に付けていれば、そこから発せられる電磁波とあなたが身体に持っていた電磁波とが同調しますから、無理がないのは当たり前。自分の身体に合った食べ物で少しずつ体調が良くなっていく過程と同じようなものます。

肌に合うということは、心にも優しいということ

どうせ着るなら身体と心に優しい色の服を着た方がいいと私は思います。色選びは特にお金がかかるわけではありませんし、選べば良いだけのことです。お金を出してわざわざ服を買うのに、身体と心を歪めてしまう電磁波を選ぶ必要があるのでしょうか？

不適切な電磁波を毎日浴び続けるのと、適合する電磁波を毎日浴びるのとでは、365日×10年も繰り返せば、まったく違ってくると思いませんか？　何もせず過ごした人と、意識して自分に優しくした人とでは、心身にもたらす影響が同じとは思えませんよね。

私に似合う色である「紫」は、戦いの人生と共にあった「黒」をやめさせ、紫が持

つ「霊性」や「神秘性」を私の心に目覚めさせてくれました。初めはその色を嫌っていましたから、そのような期待もしていませんでしたし、褒められ続ける現象を体験しなければ、色の偉大な効能に気付くこともなかったでしょう。皆さんも似合う色をちゃんと着ると、何かしら褒められる体験が出来るはずです。

「あれ？　どうしたの？　そんな色着たことないよね。でも、いいね。似合うよ！」

まわりから受ける初めの反応は、こんな感じでしょう。

「今までと違う色でドキドキする……。こんな色、自分が着ちゃっていいんですかね？」

私からアドバイスを受けて間もないお客さまの中には、このように言う方がたくさんいらっしゃいますが、その度に私はこう返します。

「大丈夫です。ビックリしているのはあなたの目と心であり、他人はあなたのドキドキなんか気にしちゃいません。もし人の視線を感じるとしたら、それはあなたが似合う色の服を着ていて素敵だと思っているからです。だから、あなたは新しい服を着て出かけ、周りの人に褒められてくれればいいだけです」

もう、20年もこの言葉を言い続けています。

そして、自分に似合う色をある程度着続けると、その色を着ているほうが気持ちは楽で、身体もナチュラルな感覚があることに気付くようになります。

色の効能をご存知ない方が「同じような色ばかり着ていて飽きませんか?」と質問をされることがありますが、自分の身体の調子を良くしてくれる食べ物があるとして、それを食べなくなることがあるでしょうか? それに、似合う色だけで絞っても十数種類以上あり、さらに服の素材まで加わると何百という数に広がりますから、むしろ自分の世界を極めたいと思うようになり、飽きる暇などありません。似合う色を知り、嬉々として新しい自分を見つける喜びを追求するほうが健全です。その時点であなたの気持ちはワクワクしているはずですから。似合う電磁波を身に纏い、身体にも心にも優しくすればいいのです。

健康管理と同じ。毒抜き効果がジワジワと効いてくる

似合う色を着ていると分かってくるのが「毒抜き効果」です。身体が楽になるのは、この効果のお陰もあると思いますが、それまで抱えていたこだわりや価値観の角が取れ、丸みを帯びるような感覚が出てくると思います。ギスギスした感じがなくなり、より柔らかく広がるイメージと言ってもいいかもしれません。スピリチュアル的な解釈を加えるならば、チャクラが開いて自分を受け取るセンサーが鋭敏になる感じでしょうか。思考や感性が清らかに自分らしい方向へ変化し、より鮮明に自分と向き合えるように変わるのです。

これを読んでいる皆さんには、ぜひ自分自身のために似合う色を着て欲しいと思っています。これは健康管理と同じで、生きているからには健康体で行きたいところに行き、食べたい物を食べ、楽しいことを楽しめる人生のほうが良いに決まっています。そのためには結局、自分と仲良くするのが一番の早道で、自分のことを面倒くさがっていても上手くはいきません。

黒を愛し、「人生は戦いだ」と信じていた頃の私は、「気を緩めては命取りだ」と自分に休憩を与えることなく緊張を強いる生き方で、とても苦しいものでした。本来の私には似合わない黒が自分の中にある繊細で過敏な電磁波を全て吸い取り、エネルギーをどれだけ発電しても漏電するばかり。私の人となりのメッセージをすっかり遮断していました。

しかし、かつての私はその重く硬い印象を持つ「黒」によって自分の身を守っているつもりでいました。きっと母も黒を着た私には文句が言いやすかったことでしょう。黒い服が私の繊細さを母に伝えず、戦いモードの戦士に仕立てていたのですから。ところが、その長い戦いが終わったと認識したことが起こりました。似合う色を着て実家へ行ったとき、玄関先で私を見た母が、こう言ったのです。「あら？ 私はその色を着ないけど、あなたには似合っているわ。素敵よ」

何気なく言った母の言葉に私はドキッとしました。今まで味わったことのない、私を承認するエネルギーが母から出ていたことを感じたからです。そのとき、心の中で「もう一人の私」が言いました。

「これでやっと、私はあの人とは違う人間になれた。私は、私になれた。もう、あの人の奴隷じゃない！」

これは私にとって、心の健康宣言でした。あのときのシーンは20年近くたった今でも脳裏に焼き付いています。「自分を生きる」ということは、このうえなく健康的な生き方といえるのではないでしょうか。

自分が自分を受け入れられた感覚、自分の中と繋がった感覚。それらを呼び覚ます力が、似合う色には秘められているのです。

第2章

心に「栄養を与える服」と「エネルギーを奪う服」

自分に似合う基準が分かっていない

「相応しい」とは、どういうことか？

私たちは、自分の好き嫌いにどのくらいエネルギーを注いでいるのでしょうか？「今日は何を食べたい」から始まり、「〇〇したい」との欲求は生きる喜びに直結していますね。でもよく考えれば、この「〇〇したい」も何層かのレベルに分かれていると思いませんか？　たとえば本能の向くまま嗜好としてメニューを選ぶ場合もあれば、ダイエットや病気の治療など「痩せたい」、「治したい」と願っても一朝一夕では叶わない願いに身悶えることもありますね。

人はつい一番手近な「〇〇したい」欲求を優先して憂さを晴らそうとしがちですが、私がお薦めしている色を活用した服選びは、憂さ晴らしとは違います。自己承認を高め、魂の次元を上げるための生き方を「日常の当たり前」として定着させる考え方です。かといって、あたかも修行へ出かけるように非日常なことでもありません。

日々の生活の中で「視点」と「行動」を少し変えることによって、次々と扉を開けることができるのです。毎日着る服の色を変えることが、そんなに大変ですか？　仕事帰りにお酒を飲む時間とお金が週3日もあれば、それを自分の服探しに充てても良いのではないでしょうか？　仕事関係者との懇親が大切だと言うなら、なおさらホスピタリティのある服装で周囲を癒やしてほしいものです。自分に似合わない服を人目にさらすことを不快と感じないでいるとしたら、ビジネスでも同様の感性を持つ人ばかりと繋がることになるでしょう。

あなたの嗜好の向こう側に、あなた本来の在り方があるかもしれない。嗜好は「次元の低い憂さ晴らし」にも繋がっているので、それまで自分の中で培ってきた文化の常識を客観視するためにも、似合う色を知ることは良い揺さぶりとなるはずです。自分に相応しいものを探す。それは、今まで知らなかった新たな基準を設け、そこから自分を眺めることです。私たち日本人の多くは、自分に相応しいものを自分の意識で育てる教育を受けないまま大人になっています。今、あなたが持っている基準は、親から与えられた価値観であったり、学校の先生から請け負ったお仕着せの常識だったりしていませんか？　人からもらった価値観でいつまで苦しむのでしょうか？

大人になるということは、どこかで「自分に相応しい基準を自分でつくること」だと思います。相応しい基準は「自分を生きる」スタートラインになるのです。

自分の基準は「制限」ではなく、「俯瞰」するためにある

よく勘違いされがちですが、基準を設けると「そこに縛られる」と思い込んでしまう人がいます。それはきっと「ルール」と「基準」を混同しているのかもしれません。「ルール」は守らなければならない規則やマナーに関わる行動規範ですが、「基準」はあくまでも自分の中にある文化水準のようなもの。他人から強要されることではありません。「基準」をカーナビに例えると、目的地まで向かうためのルート検索。どこかに行きたい場合、一般道か高速か、途中で立ち寄りたいのは何カ所か、など色々な設定があります。それらを全て設定すれば、自分が今どこまで来たか一目瞭然ですし、ストレスも最小限で済むでしょう。

人生に対して目的意識を持たないでいると、目的地が分からないまま、漠然と「あっち方向かな?」と進んでしまうことに。今、選ぶべき乗り物が「車」か「電車」か、はたまた「自転車」かによって選ぶ道も必然的に変わりますから、判断基準を持っておくに越したことはありません。それが、地図を眺めているような俯瞰の視点です。

俯瞰は自分と向き合い、自分を育む道のりを知るための現在地確認

今、自分はどこにいるのか? 大きな目的があったとして、どのくらい近付いたかを感覚的に分かっていると、不用意なイライラや不安がありません。長期的な成長過程を思い描くことに慣れていけば、目の前のハプニングさえ成長ポイントを見つけるための宝探しへと変わるからです。

「嬉しい」、「悲しい」といった喜怒哀楽の感情に日々振り回されていると、視点が狭くなって自分を見失いがちです。そうした感情に振り回されないためにも俯瞰する視点を持つことが大切ですが、そのとき必要なのが、自分なりに設けた一定の基準です。測るものさしの単位がいつも違っていては、客観的な計測なんて出来ませんよね。変

わらない自分らしさを自分の肌から見つけ出し、外面を作るための「型」と、心の癖である「型」の両方を似合う色から知っていれば、一石二鳥です。

色は電磁波として心にも浸透することをお話しましたが、なぜ似合う色が人生の長い道のりを眺める現在地確認として役立つか。それは、服の状態で自分の心と向き合えるからです。心が成長して次のステージに上がるとき、人は着る服も変えたくなるものです。心の変化は外面へ投影されますから、着たいものが変わることで自分の変化を感じ取ることが出来ます。

服でモチベーションを保ちたいときや、気持ちを盛り上げたいとき。着こなせる色が増えれば、対応力が広がったとの判断基準にもなります。似合う色は、自分の心のありようを知り、服のコーディネートの仕方も教えてくれる便利なツール。ですから、色を通して心と服を一体化させることであなたらしい外見が手に入り、なおかつあなたらしい生き方、つまり心の扱い方を習得出来るのです。

服と心が一体化した着こなしをすれば、それを見た人は安心感を抱き、あなたを信頼出来るようになるはずです。たとえば凛々しい雰囲気をもつ黒木メイサさんが、パフスリーブにフリルたっぷりなピンクのワンピースを着ていたとしたらどうでしょう？　可愛らし過ぎて不釣り合いに感じるのではないでしょうか。それは、彼女が真っ黒の似合うダイナミックな「ウィンター」に属するタイプのため、ラブリーな服が彼女の性格にも外面にも相応しくないと誰もが感じてしまうからです。

似合う色が教えてくれる心理面のタイプは、ごまかしのきかない生まれ持った心の土台として明確に分かれており、自ずと外見へ匂い漂ってくるものです。似合う色と心理という、切っても切れない関係を置き去りにして生きたところで、無理がたたって体調を崩したり、大きなトラブルを招いたりと、問題を引き起こして軌道修正を余儀なくされることになるでしょう。そう、かつての私がそうであったように。

似合うものより、他人に文句を言われない「ものさし」で見ている

「協調性＝自分を見失うこと」ではない

あなたは服を選ぶとき、何を基準に選びますか？　前にも同様の質問をしましたが、大抵は好きか嫌いか、目的に叶うか、はたまた着心地が良いかだろうとお話ししました。社会人、とりわけサラリーマンともなれば、一番気にするのは周りの目ではないでしょうか。

ビジネスパーソンとして問題ない服装を要求されるからスーツを選ぶのは良いとして、そのスーツがヨレヨレに見えてしまっている人も結構います。では、どうしてそう見えてしまうのでしょう？　それは、服装にエネルギーを込める気力がないということ。なぜ気力がないかと言えば、やりたくない仕事をしている、気の進まない環境にいる、気持ちやお金にゆとりがない、時間がない……など、色々な理由があると

思います。

気力のない状態だと個性を発揮させることが億劫になり、周囲から文句を言われないことだけにエネルギーを使いがちです。しかし本来の協調性とは、個性を出しながら周囲とハーモニーをつくり上げることであるはず。自分の意見を言わない、出さない、角が立たないようにするのは「妥協」に過ぎず、怯えたエネルギーが使われているため、そこにつけ込む傲慢な人を呼び寄せてしまい、結果的に上手くいかなくなるのです。

スーツを着るというビジネス上のルールがあったとしても、そこに似合わない色を着ろとは書かれていないはずです。「常識的で不快を与えない服装を心がけろ」との指示はあっても、「グレー、紺、黒でなければNG」と言われていますか？　勝手に「ベーシック＝黒・グレー・紺」と思い込んでいるだけではないでしょうか？

文句を言われたくないから自己主張しない方が無難だという「無難幻想」に取り憑かれてはいませんか？　あなたの顔が唯一無二であるように、肌色も十人十色ですから無難、つまり「難が無い」色などないのです。あなたにはあなたの生き方があり、あなたの肌色があり、あなたに似合う色があります。あなたが周囲から反感を買わないことだけを意識して似合わないグレー、黒、紺を着ているとしたら、あなたは難が無いことだけを望んでお面を付けた状態になっているのと同じです。本当の自分を見せず、自分を語らず、服の中に自分を閉じ込め、自ら自分を見失うよう仕向けているようなもの。

若かりし頃の私に、ある面白いエピソードがあります。新入社員の内定会があった2月だったでしょうか。まだ寒い時期でしたので、私はウール地のグレーのスーツを用意しました。起毛という少し主張した素材を選び、デザインはスタンダードなテーラードにタイトスカートというスタイルです。社会人らしさを出そうとグレーを選び、こう思っていました。

「これなら、きちんとしてダサい感じはないよね」

そういう意気込みはありました。少なくとも、少しだけカッコイイ雰囲気を出したつもりだったのです。体型もスマートで見苦しい感じではなかったはずでした。ところが……。女性の人事部長は私を見て、こう言ったのです。

「あなたのそのスーツは〝制服〟ですか？」

私は心から頭にきました。

「いえ、違います」とだけ応えましたが、心の中ではこう発憤していました。

「何言っちゃってるの？　少なくともROPÉのスーツよ！　そもそも四年生大学の学生なんだから、制服なんてあるわけないことぐらい重々承知ですよね、人事部長さん！　この会社で売っている服よりお洒落なブランドですけど！　何を見ているのよ！」

あまりに頭にきたので、この出来事をずっと憶えていました。それから長い年月が経ち、自分に似合う色を知ってから、このときの謎がようやく解けました。つまり、無彩色であるグレーがどれだけ私に似合っていなかったかという証明だったのです。全く似合わないグレーのスーツ姿を見た人事部長は、私が仕方なくそれを着ていると思ったのでしょう。私は結構意識して選んだにも関わらず、惨敗したわけです。そう、前向きに選んだつもりでも、似合わないスーツが私を「仕方ない人」に仕立てあげていたのです。当時の私はそんな現実を知りませんから、馬鹿にされた気がして本当に悔しい気持ちで憤慨していました。

このように、仕方なく着ているわけでもないのに似合わない色を身に纏うと、そう見えてしまうのです。無難だと思って似合わない無彩色を着ているとしたら、なおさら「仕方ない人」に見えてしまうでしょう。

他人の意見は自分を批判していると思い込んでいないか？

「分かっていても、そう簡単にいかないから苦しんでいるんだろ！」との声が聞こえてきそうですね。同じようにさんざん苦しんだ私の経験から言ってしまうと、自分が変わるための道具をさっさと手に入れてしまった方が得策だと思います。よく分からない無意識のトリックに付き合うのは長い時間と根性が必要で、とことん自分を追い詰めてしまう（私もそうだった）ので、お薦めしません。色を使って本当の自分に目覚めるべきだと力を込めて言い続けるのは、それが一番手っ取り早いうえに効果が高いから。そして意外性が大きくポジティブな刺激をたくさん受け取れるからです。

日本人特有かもしれませんが、他人の意見に異論を唱えないことが、場の空気を保つのに有効だと思い込んでいる人が多いように思います。きっと「違う意見を言われたら嫌がられるに決まっている」との思い込みがあるのでしょう。なぜ、人と違う意見がいけないのでしょうか？　「へぇ、あなたはそう思うのね」で良いはずです。「意見がバラバラだとまとまらない」との考え方もあるでしょう。しかし、迎合したフリをして陰口や愚痴をこぼす方が、よっぽど陰湿でネガティブですよね。自分の意見を聞いてもらえない環境で育ったり、抑圧的な大人と長く接していたりした場合に、このような誤解が根付いてしまう傾向にあります。文句を言われないことが自分を一番守る術だと勘違いしてしまい、服選びでも「無難幻想」から抜け出せないまま自分を見失い続けるのは、もったいないと思いませんか？

心の耳を閉じない

他人の非難は、文句ではありません。異なる意見は、あなたとの違いを発言しているだけのこと。そこに善し悪しを挟む必要はないのです。「あなたは私の考えと違うのね」。そう受け取れば良いだけのことです。これを服に置き換えると、こんな感じでしょうか？

「あなたの着ている服、カラフルでキレイな色ですね。でも、私は勇気がないので、そのような色は着てみようと思えません。あなたはすごいですね（勇気があるんですね？）」

一方で、人と自分は違うことを認め、人それぞれだとわだかまりがない人であれば、「キレイな色ですね。とてもよく似合っていますよ、素敵です」という表現になるでしょう。

「無難がいい、私は無理」という意識の人は、「私はあなたの意見を受け入れられません」と言っているようなもの。実は少しも協調的ではない心理がど真ん中にあります。協調したフリをしたくて「無難」を選んだ結果、心の中に「目立つな　↓人と違うことをするな　↓意見を言うな　↓人を見るな　↓人を感じるな」

との心理操作が一瞬で流れているので、協調性とはかけ離れた結果を招いてしまいます。

自分を受け入れてもらいたいと強く思い込んでいる人ほど、似合う色にチャレンジすることを嫌がります。「受け入れて貰えなかったらどうしよう」との気持ちが先立つからでしょう。

私は、お客さまの買い物に同行する「ショッピングエスコート」というサービスも行っています。初めてご一緒する方が着たことのない色を買うとき、「周りに受け入れて貰えなかったらどうしよう」との言葉をよく投げかけられますが、いつもこのようにお答えしています。

「大丈夫です。目的に合った服をあなたに似合う色で揃えているのですから、何も心配はいりません。もしネガティブなことを言う人がいたら、きっとジェラシーを抱いているのでしょう」

相手の意見に耳を閉じないでフラットに聞くことは、ありのままを受け入れることから始まります。そして相手の姿にもフラットに目を向けることだと思います。「無難」という判断基準ではなく、自分の軸で見聞きすることを心がけないと、「無難幻想」に追い回されて苦しむのは他でもない、あなた自身です。

服に宿る栄養を自分のために選び取ればいい

精神面から……　たかが色、されど色。
服を着るのは色に包まれるため、あなたを整えるため

色は優しく、そしてたくましく、あなたを支えてくれます。そう、「無難幻想」から脱却して、自分軸をつくるために。カラー診断を生業にしていると、「似合う色と好きな色って違うんですよね？」とよく言われますが、まるで「私に適合する血液型って、好きな血液型と違うんですよね？」と同じくらい、不思議な問いに聞こえます。

我が子に良い影響を与える色の服を幼少期から着せているという意識の高い親御さんもおられますが、そうした環境で育つ人は稀でしょう。その結果、「好き」という感情が先行して選んだ服を身につけ、不適切な電磁波を浴び続ける。色が血液のよ

うに体内を巡るわけではないので、致命傷とならずに済んでいるに過ぎません。
不適切な色によって心身へ被る影響は微弱だとしても、長く身につけているとアレルギー症状のように人生の問題として現れてきてしまいます。似合う色とは、生まれながらにして備わる血液型のようなもの。あなたの適正な電磁波を示していますから、きちんと正しい色を選べば心も身体もストレスなく過ごせます。

口にする食品の合成着色料や賞味期限は気にするのに、身体を包む電磁波に無頓着でいるのは不自然な話。お金を出してわざわざ自分のエネルギーが奪われる電磁波を着るのは、実にもったいないことです。

効能面から…　色は心のサプリメント、服は無言の情報発信

「色」と「服」（形）という関係性は、同時に存在しています。たとえば赤いマグカップがあったとして、「赤」という情報を抜きにしてマグカップを見ることが出来ないのと同じです。色が存在しているのに見過ごせないのと同じように、服という形が存在

すれば、必ず色も一緒に存在する関係にあります。

また「色」と「心」においても、色が心に影響を及ぼすことが色彩心理の分野で充分語られているように、両者は密接な関係にあります。私に一番似合う色は「紫」ですが、直感や霊性にも関係があり、紫を着るようになって明らかにその能力が開けました。それらを使って人のために役立つことが私本来の使命だったのだと、今ならよく分かります。

あなたに似合う色にも特徴があり、日々身につけることであなた本来の強みを教えてくれるはずです。今あなたが好きだと思っている色が、実はとんでもない方向違いの色だったとすれば、それは十中八九、心の歪みによって生じたものでしょう。

色によって自分の「素」の心理に無理をさせるのではなく、色で心を包むのです。たとえば料理が美味しいかどうかは、素材はもちろんのこと、それを最大限引き立てる調理法や味付けとのマッチングによると思います。心は料理の「素材」にあたる部分ですから、適した下ごしらえと調理を施すのが色の役目となります。あなたの心は適した色に調理されることで、美味しく出来上がるのです。

そうすれば、服は美味しくなった心を情報発信し、無言のコミュニケーションを交わしていきます。あなたがたとえ会話をしなくても、黄色を着ていれば知的で朗らかな人だと伝えますし、ピンクを着ていれば可愛らしく優美さがあると伝えます。

電磁波は、目に見えなくても体に影響しています。あなたに適した色から適した電磁波を浴びれば、清々しい心身へと導いてくれます。これが「型」を活かすというチョイスです。さらに素材や光沢、柄、デザインなどが複合的にあなたのことを無言で語ってくれるので、あなたを見ただけでどのような人か分かるというのが、本当の意味で「服装」といえるでしょう。

私は、初対面の人から「紫を着こなす人は珍しいですよね。よく似合っていらっしゃいますね」と何度となく言われますが、〈紫＝珍しい＝個性的な人間〉ということを、既に情報発信しています。

一般的ではない雰囲気を服で語っているので、それが好きではない人は私に近寄ってきませんから楽なものです。もし私が誰からも話しかけられたい気持ちでいるなら、オフホワイトやローズベージュなどのプレーンな色や、似合う色のグレイッシュピンクを使って柔らかい雰囲気を出せば良いだけのこと。目的や気分次第で自分をどこまで変えれば美しいか、また違和感がないかを分かっているので、余計なストレスがなく、とても助かっています。

結果論として……　選択できる喜び、着眼点のある豊かさ

例えば、ひとつのテーブルに中華とフレンチと和食がごちゃ混ぜになっていたら、食べる意欲がなくなりませんか？　ですから自分の色もごちゃ混ぜにせず、自分が美味しく見えるよう絞り込み、組み合わせるのが、「色を整える」という意味です。誰しもたくさんある色の中から気に入ったコーディネートを選び出すことは至難の業ですよね。服のイメージ、例えばプリティ、モダン、カジュアルといったイメージは掴みやすいですが、そこに色まで加わると、もう何がなんだか分からなくなる人の方が圧倒的に多いはずです。ですから、せめて色くらいは「自分らしい」括りで制限しないと、どうにもなりません。

私たち人間は、約2万3000色を判断できる能力があるといわれていますが、これでは範囲が広すぎます。だからこそ、自分に「似合っている」「適している」範囲を知ることは、自分の個性を尊ぶことに値するのではないでしょうか。

そして何より気持ちいいのは、服選びの際に店員さんから関係のないものを薦められて迷うことが一切なくなります。「それは私が求めている色ではないので結構です」と言えれば、店員のいらぬ講釈を聞いて考え込む時間が省けます。買い物をするとき、迷ったり惑わされたりする時間は結構あるはずです。適するか否かがハッキリしていると、買い物時間がこれまでの3分の1で済むようになると思います。また、こうした体験を通して、自分が軸を持たないことであらゆる面にブレが生じ、時間をロスしていたことに気付くという副産物も大きいのです。このあたりは後ほどお話ししましょう。

自分に合った服には自分を盛り上げる栄養がある

自分がどんどん見えてくるから面白い＝メントレの入門編

似合う色を着ることで開発されていく自分の姿は、かなり奥深いものがあります。まず似合うと思っていなかった色が似合うと分かっただけで、結構驚かされます。たとえば、多くの男性はデニムだとブルーやブラックが当たり前と思っているかもしれませんが、どちらも似合わず（似合う色や素材ではないと判明して）がっかりしているとき、ローズベージュやグレイッシュピンクなら無理が少ないとお話すると、

「え～！　ピンクはヤバいでしょ！」

と反応する男性が大半です。がしかし、私はそんなことで怯みません。

「いいから履いてみましょうよ！」と試着させると、

「おっ！　案外いいかも？　これならいけそうです！」となり、結局9割の方は想定外の色の服を買って帰り、後から「褒められました！」と感想をくださいます。こうした体験を通して、今までの意識が自分をいかに狭い世界へ押し込めていたかに気付くのです。


「こんなの着れちゃう？」

「こんなの着ちゃえる！」

「これを着ている自分っていいかも」

「これ着たら気分変わるよな〜」

「これを着て行ったら、みんなビックリするだろうな〜。でも、驚かせてみたい！」


初めて私が同行するショッピングエスコートで、皆さんの顔付きがこのように変わっていくのがよく分かります。3店舗ほど試着体験するあたりから表情が変わり、似合う服の色を身にまとうことで自分を盛り上げることに夢中になっていくようです。

心の癖が見えてくる＝メントレの基礎

こうして10カ所以上お店を回って試着を重ねると、服から新しい自分を見付けていくので、自分が今まで何かにくすぶっていたことが感じ取れるようになります。

どうして、こんなにも本来の自分とかけ離れたものが好きだったのか？
どうして、自分を眺めることをしてこなかったのか？
何を自分が避けてきたのか？

服を着替えるたびに与えられる新しい刺激と向き合いながら、あなたの心が動き始めます。まるで新しい色、素材、デザインの服が「ホラホラ、あなたはこういう人だったでしょ？　思い出した？　本当の自分に戻っていいよ。そのために私（服）は、今あなたと出会っているのだから」と、試着室の中で着ているあなたを説得している声が聞こえてきそうです。時折、試着室の中から「おぉ！」と雄叫びをあげている人もいますが、これは心の声が漏れてしまった瞬間ですね。

私もこんな気付きを得たことがあります。桜の繊細な花の付き方が好きなので、常々「そうか、やっぱりタイプがサマーだから、繊細さの中に自分を見ているようで惹かれるんだな」と思って春爛漫の桜並木の下を歩いていたときのことです。かつて真っ黒を好み、母と戦っていた精神状態の私は……との思いがふとよぎり、その有様が映像として浮かび上がってきました。そう、本当の私は桜のはずなのに、枝先に真っ赤なバラを付けて「ね、インパクトあるでしょ！ これなら負けないでしょ！」と言っていたようなものだったと気が付いたのです。

思い浮かべれば気持ち悪いことは一目瞭然なのですが、私は自分が桜（繊細）であることを忘れて（というか認められず）、必死に枝先に真っ赤なバラを装着させていました。自分では良いと思っていても、不釣り合いなものを身に付けている私の姿は、他人から見れば不自然極まりなかったわけです。でも、周りの人は気を使って真実を言いません。ですから本人は勘違いしたまま、不自然さをばらまき続けてしまうのです。

自分のことは自分が一番分かっていないことは常々申し上げていますが、それを修正する方法を知らない人のほうが多いのではないでしょうか？ 「好き」で塗り固められた習性や嗜好は、否定されることを大変嫌います。それを抱えているがゆえに苦しんでいることすら気付かないまま生きているケースが圧倒的とも言えるでしょう。

こうした固定観念をものの見事に素早くバッサリ切り離し、気持ちよく気付かせてくれるのが、似合う色による服選びなのです。

好き嫌いを感じる凄さ＝本道と枝葉＝メントレ応用

私はお客さまと服を選びながら、必ずお伝えする言葉があります。

「好きか嫌いかはハッキリ言って下さいね。私が選んできた服はあなたに似合う範囲のものですが、あなたがそれを見て好きか嫌いかを感じることは大切です。あなたの選び取った服が、自分に与えたいイメージとなっていきますから、嫌いならそう言って下さい。逆に『どうなんだろう？』と思うものは是非着てみて、好き嫌いを感じてみて下さい」

似合う色の範囲が分かったら、次に服を選んでいくとき大切なのが、好みのイメージです。もちろん私がお薦めするイメージは、客観的に見てお客さまとマッチした服なので是非着てみて欲しいのですが、気分が悪いものを初めから着る必要はありません。お客さまにとって「自分がどこに向かいたいか」を感じ取る作業なので、次々と品物を指しながら「これは好き?」とお尋ねし、嫌いなら理由を聞きます。その内容から向かいたい方向を探っているのです。

なかには「後藤さんのお薦めは何でも着てみます」という方がおられますが、「それは試してみたいという意欲で言っていますか?」と尋ね直し、そうでなければ「好き」と感じるものを探し続ける作業をします。自分が何を望んでいるのか分からなくなっている方の感受性を取り戻したいからです。

さて、このように説明をしていくと、「あれ? 色を好き嫌いで選ぶなって話から始まっていたのに、おかしくない?」と思われるかもしれません。何が違うかというと、単純に「好きな色は?」と聞かれたときの「好き」にはネガティブな思い込みがくっついているとお話しました。これに対し、適正であると分かったうえで選ぶ好きな色やイメージは、今のあなたの状態や本心と向き合おうとするための方向性を示しています。木に例えると、幹から細分化した枝を探っている状況です。

単に似合うというものを人形のように着せられているのでは、意味がありません。似合う服を着ることは、本当の自分として生きることとイコールですから、その日以降、あなたが自分で手にとって「さぁ、これを着よう！」と思えない服を買っても仕方ないのです。

服には、いわゆるどストライクなバッチリ似合うものと「これぞ目指す将来に繋がっている」というもの、あるいは「許容範囲の一つだ」というもののように、段階の違いがあります。そこを肌で感じ取ることも、ショッピングエスコートにおける大事なメンタルトレーニングです。たとえば、私がわざと今着こなすには精神的に難しい服を見せてこう言います。

「今は着なくて良いけど、本当はこういう服が似合うのよ」

すると、その服を見たお客さまが、こう返してきます。

「今はそれを着たいところまで気持ちが達していませんが、後藤さんの言いたいことは何となく分かりました。これから自分の中で意識してみますから、次の段階でまたバシッとお願いします」

こういった会話を、当たり前のようにしています。

現時点ではないけれど、「そうか、自分にはこんな世界感があるのか！」と知っておいて欲しくてやっている確認作業のようなものです。ビジュアルで確認すると瞬間的にイメージとして入り、脳裏に焼き付く効果がありますので、これこそ究極のイメージトレーニングと言えるのです。

自分の道を描くメントレ：魂の次元を上げる上級編

こうして基準を持ったところから服を通して自分探しを行い、試着を2~3時間繰り返すことで自分のイメージがガラリと書き換えられます。こうした体験をしたお客さまがよくおっしゃるのは、「目からウロコでした」という言葉です。今まで自分が抱きしめていた「恐れ」や「こだわり」、「ネガティブな思い込み」などが、湯気のように蒸発していく映像が見えるそうで、このような状態が良いんです。

イメージや感情を書き換えるには、心の痛みが伴う体験をしている方も多いのではないでしょうか？　心の傷と向き合い、涙を流す。そんな行為が心の掃除には必要です。涙がもたらす浄化作用には大きな効能がありますから、これもやってもらいたいのですが、感情と向き合うことが苦手な方や、理論的思考の強い男性だと、涙を流すために行動を起こそうとはしないでしょう。そうなると変化しづらいので、自分のネガティブな思い込みがどこにあるのか見付けにくく、自己成長の機会を見逃してしまいます。

その点、似合う色を調べれば基準が出来上がり、それに基づいて選んだ服を着続けていると、周囲からの承認が高まってくる。そうした日々を繰り返すうちに自分の進むべき道がおのずと定まり、的を絞った成長ステップが見えてきますから、結果として人生の有効な期間をロスしなくて済みます。

似合う色には、精神的にも時間的にも効率よく自分に適した栄養を与えていく力があります。毎日着続けることで自分に取り入れ、本質を見出していくという「色と心の合体」を、私は人それぞれの真実があるとの意味を込めて「トゥルーズカラー」と名付けました。

第3章

パーソナルカラーから
メンタルを読み込む
「トゥルーズカラー」の4つの栄養

肌の色に関係なく、人の肌は日向組のイエローベースと日陰組のブルーベースに分かれる

イエローベースかブルーベースか

私たち地球人の肌には、白・黄・黒と様々な肌色がありますが、実はこれらに関係なく、どの肌も黄色みを帯びた人か青みを帯びた人かの2つに分かれています。これらを肌色のベースとして「イエローベース（イエローアンダートーン）」もしくは「ブルーベース（ブルーアンダートーン）」と表現しています。つまり、もとの肌の色には関係なく2つの肌色ベースに区分されるわけです。

それは、お日様が地球上にある限り地上にできる「日向」と「日陰」のような自然現象と同じです。一本の木に太陽の光が当たると日向では黄緑がかった葉っぱに見え、日陰だと青みのある緑に見えますよね。このように自然界で見えるものには、必ず2つの区分が出来るわけです。自然界は二極の統合で成り立っていて、例えば昼と

夜、南極と北極、男と女といったものと同様に捉えることが出来ます。

ちなみに、自分に似合う色は4つの区分に分かれる（サマー・ウィンター・スプリング・オータム）ことは序章でも触れましたが、大前提としてイエローベースかブルーベースかといった2つの区分が、心理的に大きな分かれ目となることは、ほとんど知られていません。しかし私が1000人ほど検証した結果、このメンタル構造の違いに気付かされたのです。

まず、イエローベースは「日向」の性格を持ち、テンションが高いのが特徴です。エネルギーのもとが「パッション（情熱）」であり、自分がやりたいかどうかの直感が主体となってエンジンを動かします。これに対してブルーベースは、冷静沈着な「日陰」。やるべきかどうかを効果や意義などから考えて決めるという論理性が優先します。つまり、イエローベースの人は自分の「中」に動機を感じますが、ブルーベースの人は自分の「外」に動機が存在してから自分へ取り込むという段取りを踏みます。

人間関係に関わるエネルギーの違い

このように、イエローベースとブルーベースとでは願望や動機の発生する根源が全く違うわけですが、世の中にはこれらを理解していないゆえに対立してしまう親子や上司・部下などの関係が、どれほど溢れていることか。男女の関係と同じように、言葉で説明したところで噛み合わないことがほとんどです。そもそもつくりが違うことを認識しないと、無駄な対立が生まれてエネルギーを消耗してしまい、しんどいばかりです。

たとえば、ブルーベースに属する上司が論理的な意義を主体にプロジェクトの説明をしても、イエローベースの部下であれば、その業務を楽しいか、やりたいかで判断しているといった具合です。イエローベースの部下は、やるべき意義は理解していても、面白そうと思えないと「今ひとつ盛り上がらないンだよな〜」と心の中でぼやいていたりします。会社の利益が上がることが大前提の目的だと分かっていますが、それをやることで自分がどうワクワクするかを知りたいのです。そうしないとモチベーションが全く違ってくるのです。なぜならイエローベースは情熱ありき、ワクワクありきでエンジンを回すからです。

これに対してブルーベースは、「やるべき意義」にコミットして無理やりでも完結しようと策を練ります。なぜならブルーは結果が欲しいからです。結果を出すことが仕事であり、意義であり、ひいては社会貢献になる。責任感と遂行力そのものにコミットできるからです。全体を俯瞰して成果を上げるために、必要とあれば感情を押し殺すこともやりがちです。昭和の時代にはこういうブルーベースのリーダーが世の中を牛耳っていたように感じます。今でも国会議員にはブルーベースの比重がとても多いのですが、これも頷けるのではないでしょうか？

平成になって人口比はイエローベースが逆転していると感じるのは、電車の７人掛座席シートの割合をずっと観察しているからですが、20年ほど前だと７人中４人以上がブルーベースだったのに対し、今は７人中２人いるいかどうかです。

国会がどこかおかしいと感じるのは、世間が圧倒的にイエローベースとなってきたにも関わらず、国会という狭い世界では相変わらずブルーベースの比重が変わらないため、ギャップが起きているのではないかと推測します。

このように、まずはイエローベースなのか、ブルーベースかの越えられない溝があると理解しておくことが大切です。続いては、さらに4つの区分に分かれていくお話を致しましょう。

イエローかブルーかを、更に2分割するソフトとハード

次に分かれる要因は、「肌質」に関わる違いです。質感はぱっと見では分かりにくい感じがしますが、その人が周りに与えるインパクトに違いがあります。「ソフト」は肌密度がゆるい感じで透け感や柔らかい雰囲気をもち、「ハード」は密度が高い印象なのでしっかりした、丈夫そうな肌に見えます。

例えるなら、豆腐とコンニャクのような違いでしょうか。豆腐は丁寧に扱わないとすぐ崩れてしまうと想像できるのに対し、コンニャクはしっかりした印象があるので、多少粗雑に扱っても壊れるとは思いませんよね。つまり、存在がふわっとしているか、ど~んとしているかの違いであり、この「圧」の違いが着る服の素材にも関係するのです。

豆腐にあたるソフトの肌にはガーゼ、オーガンジー、ハイゲージニットのように柔

らかでなめらかな素材が無理なくマッチして、レザーのような硬い素材を着るとアルミホイルで豆腐をくるんだような「気の毒さ」が現れてしまいます。

一方、ハードな肌は厚手のニットやサテンのシャツ、デニムといった硬い素材を着ると、肌のしっかり感とマッチして非常に映えます。逆に柔らかいもので身を包むと、モヤモヤして歯切れの悪い、しおれたモヤシのように見えてしまいます。

このように、「イエローベース」か「ブルーベース」かだけでなく、肌質が「ソフト」か「ハード」かによって4つのグループに区分けされます。これを、パーソナルカラーの大原則であるシーズン別に当てはめると、このようになります。

「ブルー」ベースの「ソフト」＝サマー
「ブルー」ベースの「ハード」＝ウィンター
「イエロー」ベースの「ソフト」＝スプリング
「イエロー」ベースの「ハード」＝オータム

かつて私が黒を好んでいたお話をしましたが、素材も同じように似合わないハードなものが好きでした。文字通り強そうな印象が欲しかったからですが、これにはとても残念な記憶があります。私が思春期だった頃、「洗いざらし」それもストーンウォッシュといわれたデニム素材が流行りました。石で削って洗い落としたように粗野な仕上げで、私はその上下を欲しくて試着してみたところ、なんとも惨めで絵にならない自分が鏡に映っていました。「なんでおかしいのだろう？」と理由が分からず、心地悪く諦めたことを今でもよく憶えています。

「サマー」タイプ、つまりソフトの私は、デニムの硬さについていける肌質ではなかったのです。あなたにもありませんか？　着たいと思って試着してみたけれど、どうにもこうにも変だったという経験が。実はどうにもならない理由はしっかりあるのですが、これらのことを教わるチャンスがないまま大人になっているので、どこかで習得しないと満足いく着こなしがなかなか出来ないわけです。

　世の中の似合う色の区分には、４つではない分け方をしているものがありますが、私がお薦めするのは、一番シンプルで土台がハッキリしているこの４つの分け方です。血液型もＲＨ±までしか一般的に分けて言わないのと同じです。本当はもっと細かい違いが医学的には存在しているけれど、最低限分かっておくべき区分でお話する方が理解しやすいと思います。

　では、ここからは４つに分けたグループについて一つずつ解説していきます。

ふわっと優しく包む栄養で、戦わずしなやかに他人を慮る「サマー」

色の特色

サマーの特色をイメージで表現するなら、雨に濡れた紫陽花。梅雨のしっとりとした空気の中で、雨のしずくが滴る紫陽花を思い浮かべると、優美でひっそりとした印象を抱きませんか？　エレガント、上品、繊細といった言葉がキーワードになるグループで、色の特徴は淡くて柔らかい「パステル」を中心としています。混ざり気のない色を純色とするなら、そこに白やグレーや水を足して色を薄くした色がサマーの特徴で、純色の（何も混ぜていないもとの色）ままの鋭さがない印象です。何かを足すことでまろやかになったのが、サマーの色なのです。

サマーのポジティブとネガティブ

色の特徴が白やグレーや水を足して薄めた色なので、一言で言えば優しい感じです。上品で控えめ、その場の空気を読む気配りタイプといえます。人と対立しないよう気を使い、困った人がいれば助けてあげたい、人のために役立ちたいと思っています。自分より人のことを優先させてしまうこともある、貢献心の強い真面目で誠実な人です。

そのぶんネガティブになると、自分の努力が認められないことで「こんなに気を使っているのに」と恨みがましく想い、いじける傾向にあります。人一倍気を使い、気配りして生きていますので、その配慮を踏みにじられることがあると、一生恨み続けるほどです。それほど誠実に、真面目に、相手や物事に向かっているので、それをきちんと受け止めない不誠実さを許せないという美学を持っているとも言えるでしょう。

サマーの人生観

穏やかな毎日を望み、協調性をモットーに思いやりと優しさで人に接し、いたわり合い、気遣い、皆が安らかに生きていけるようにと願うのがサマーです。家庭的という言葉が似合う温和で柔和な人柄で、争いごとを嫌いますから、争いが起きそうになるとすぐ「まぁまぁ……」と仲裁に入り、どんな意見が原因でぶつかっているかよりも、その場を鎮めることに注力します。平和こそ人生最大の価値だと考えるからです。人生における起伏の面白みにはさほど興味がなく、平坦でも平穏無事な時間が流れることを望んでいます。

仮に、コンパのメンバーですぐ盛り上がる人と口数の少ない人がいたとして、なかなか話題に溶け込めず静かにしている人がいたとしたら、サマーは「声を掛けてあげよう」と思うでしょう。その人が孤独な感じでいるのがまずいとの気遣いをするからです。皆が楽しんでいないと平和じゃないと考えるサマーは、自分が楽しいかどうかよりも、皆が等しく楽しめる状況にあるかを気にして動きます。

私もよく飲み会でお酌をして回っていましたが、それはお酌をすることでそういう人に話しかける機会を不自然なくつくるためでした。「気にし過ぎ」と言われたこともありますが、皆が楽しそうにしていると自分が幸せに感じるという貢献心がどうしてもあるので、自分のことはつい二の次となってしまいがちです。私自身はそれで多くの困難な人生体験を呼び寄せたので、近年は自分の気持ちを重視できるようになりましたが（苦笑）。

サマーの改善ポイント

◆平和を望むあまり、人それぞれの意見の違いが争いごとのもとになると思い込む
⇓ 人にはそれぞれの意見があり、ぶつかったからといって人生が終わるわけではない

◆前もって人の意見を聞かない、言わせない方向に調整したがる癖がある
⇓ 言わせないように仕向けるのは改善のチャンスを奪う機会損失である

◆ひとたび揉めごとが起きると、収拾がつかないと不安がる

⇓　物事を自分がまとめなければならないと責任を負う必要はない

◆組織の中では補佐役として適任だが、壁をぶち破る局面で怖じ気づいてストレスフルになる

⇓　全てが穏便にうまくいかないと大変だという思い込みを捨てる訓練と思うこと

◆NOと言えない、言いたくない。断ると申し訳ないからと犠牲になりがち

⇓　無理して請け負う犠牲は相手をつけあがらせ、貢献になっていないことに気付くこと

どっしりとしたパワーを放つ栄養で、新たな境地へと人を導く「ウィンター」

色の特色

ウィンターの特色をイメージで表現するなら、よく晴れた冬のゲレンデのイメージです。澄みきった空気に真っ青な空と真っ白な雪のコントラストがとても爽快な情景です。くっきりとしてインパクトがあり、広大な大地が広がってスケールが大きく、視界が遮られない気持ちよさをウィンターは胸に抱いています。どこまでも突き進んでいける願望を原動力にしているからです。

色の特徴は、無彩色（白・黒・グレー）と原色（混ざり気のない純色）のような鮮やかな濃い色、そして白に一滴だけ絵の具を垂らして色が付いたようなアイシーカラー（極薄パステル）という、３極論の構成で成り立っています。ウィンターだけが無彩色を着ることのできる特異体質とも言えます。なぜかと言えば、無彩色は色がない（彩度がない）明暗だけの尺度なので、有彩色と比べて熱量がありません。ウィンターはもともと強過ぎるほどの熱量を持っているため、有り余るエネルギーを無彩色に吸わせることで、バランスを調節しているのです。加えて、アイシーカラーも白に近い冷たさを感じるシャーベットのトーンです。そして原色のような濃い色は、ウィンターのエネルギッシュさをそのまま表現する色と解釈出来ます。

ウィンターのポジティブとネガティブ

サマーは全て中間色で角を取ったような色でしたが、ウィンターはその逆。色がないか、極端に薄いか、こってりと濃いかといった3つの極論構成になっていることから、性格も中間がないと解釈出来ます。

ハッキリしないことがとても苦手で、いつも白か黒か決着を付けたいダイナミックな心理のため、ずっと悩んでいることが出来ません。「ハッキリしろ！」という言葉をつい口に出しやすく、せっかちな傾向が強いでしょう。ドラマチックな夢を描いて大きな目標を掲げ、そこに向かってドンドン突き進んで行くワイルドな自分が好きなので、じっとしていることは嫌いです。前へ進むことに意義を感じているので、人のケアも自分のケアも後回しにしがち。何かにせき立てられているかのようです。

そのぶん、圧倒的なリーダーシップ力を持ち、プロジェクトの先導役になれます。責任を引き受け、采配をふるい、目標を達成するためにチームをうまく動かします。考えていることが大きな目標を見失わない活力に満ちた行動が、人を引き寄せます。考えていることが行動にすぐ出るので、周囲から見ても何を考えているか分かりやすく、明快な行動指針を表現する能力にも長けているので、国会議員に多いのもうなずけますね。

ウィンターの人生観

ウィンターの人生観は「熱き戦士」といった感じでしょうか。見ている風景が車窓のように、どんどん変わっていく変化の速さを楽しみたい人で、逆に停滞しているとすぐ鬱血するような重たさでイライラし始める癖があるでしょう。ウィンターはエネルギーを取り込む力が強く、余ったエネルギーがマグマとなって表に噴き出る火山のような特質を持っていると考えれば、分かりやすいかもしれません。だから、熱血タイプの人が多いのです。

非常にエネルギッシュで、湧き起こる情熱をどんなふうに使って人生を高めるか、消化するか。そのためにドラマの脚本を演じるかのごとく相応しい舞台を用意し、完全燃焼することを目標に生きている感じです。

私の母はウィンターの代表選手だと思います。もう87歳ですが、未だに白・黒・グレーが似合い、色の付いたものを着るとどこかうるさい感じになります。とにかく常に動き回っていて、自分に休憩時間を与えようとしません。じっとしていても落ち着かないというのがウィンターの本音です。動きながら考え、閃き、直感に従ってパッと決めることの繰り返しです。

なかには渋めな落ち着いた空気感を出しているウィンターもいらっしゃいますが、派手なオーラを出したがらないだけで、存在感はハッキリしています。ウィンターが部屋に入ってくると、空気圧が変わるような感覚があるはずです。人のぶんまで空気を多く吸っていないか？　とすら感じる迫力や存在感は消しようがありません。よく考えているようで結局は突然決断を下すのが特徴で、理由や過程を説明したがらないのは、結局やるかやらないかの決断が重要であり、過程にはさほどこだわらない「結果主義」な要素が大きいからです。「ほーらね、うまく言ったでしょ！」といった雰囲気をいつも醸し出しており、どうして上手くいったかと尋ねられれば、「上手くいったんだから、いいじゃない」といった言葉を聞くことが多いように思います。

ウィンターの改善ポイント

◆自分の考えありきで周囲の人を巻き込むため、配慮に欠ける
⇓　自分ほど他の人はエネルギーがなく、ひ弱であることを忘れないようにする

◆休憩を取らないで走り続けることが出来るので、周りがペースについていけない
⇓　変化への渇望があるウィンターとは違い、何事も起こらない平和を好

む人も多いと理解する

◆リーダー役であることが多いので、サポート役の痛みや苦しみに疎い

⇓　サポート役には向かない自分を悟った上で、それをこなしてくれる人の傾聴は意識的に計画性を持って行う

◆大きな目標を目指すゆえに、チームを率いることで英雄気取りになりやすい

⇓　信頼できる補佐役を両脇に置くことが、羅針盤を見落とさないためには必要だと肝に銘じる

弾むようにフレッシュな栄養で、無邪気に人を巻き込む「スプリング」

色の特徴

スプリングの象徴的なイメージは、春のお花畑です。明るい陽射しに照らされてぽかぽかと暖かい空気に包まれ、大地には花々が咲きほこり、蝶がひらひらと舞っている、のどかでホッとする雰囲気です。

スプリングは、混ざり気のない純色に白だけを足したように明るく清らかな色で構成され、重苦しいものが存在しません。明るい、軽い、爽やか、軽快、朗らかといった言葉で表現される色が似合う肌色なのです。ですから、キーワードもポップ、キュート、プリティ、フレッシュなどとなります。弾むように元気な印象がメインのグループです。

スプリングのポジティブとネガティブ

明るく楽しい雰囲気と無邪気さがあることから、子ども心を失わない純真さを多く持ち合わせたヤンチャな心理が根底にあるので、論理的に考えるのは面倒くさいと捉える傾向にあります。

「日向」の性格を持つスプリングは、陽射しを一杯浴びて楽しんでいるのがもともと本来のスタイルですから、そもそも思い悩むことが得意ではありません。「まっ、いいじゃん！」、「なるようにしかならないよ！」と受け流す感覚が得意です。これとは対照的に、心配性のサマーだと「えっ？　ちゃんと考えないと……」と言いがちですが、スプリングは「そんなにクヨクヨ考えたって、疲れるだけだよ？」とキョトンとしています。

このように、なすがまま流れて楽しさを味わうスプリングなので、こと細かくチェックして用意周到に問題が起きないよう細心の注意を払うことが得意ではありません。大雑把に見えるところもありますが、手を抜いているのでなく、四角四面に考えることが楽しくないと思う比重が大きいのです。また、人の心を掴む屈託ない明るさからヒーロー、ヒロインになれる要素が多い半面、責任を持って組織を束ねることは楽しくないと考えるタイプなので、リーダーよりもアイドル向きだといえます。無理やり責任を負わせると急にテンションが落ち、持ち前の元気がしおれてしまうこともあります。

スプリングの人生観

スプリングは風のように自然に流れて人と人を繋ぎ、ほっこりさせるムードメーカーの役割がとても上手ですから、自由にさせてのびのびした場所にいるのが適正といえます。堅苦しい事務所にずっと座っている環境はあまり向かない人が多く、皆で楽しむコンパや祭り、イベントといったワクワクしたエネルギーを味わうことで生きる喜びと活力を得る人たちです。お仕着せの人生を好まない自由人と思った方がいいでしょう。

発想を一気に転換させ、「明日は明日の風が吹く」と良い意味でこだわらない前向きなエネルギーを出せるのは、根本的に無邪気なところがあるからこそ。

私のカラーの教え子で、これこそスプリングの醍醐味だと教えてくれた人がいます。当時50代の女性で、新たな学びをしにきた彼女の行動力も凄いと思っていましたが、4人のお子さんを育てながらビジネスをしているパワフルな方でした。

彼女はいわゆるケセラセラの性格で「コンビニで菓子折を売っているのは、何かミスが起こったときすぐ頭を下げに行けるよう、お詫び用として置いてあるのよ！」と言い放ち、そんな発想でコンビニの菓子折を見たことがなかったので、凄く驚きました。そしてあるとき、私が彼女に悩みをこぼしたのだと思いますが、そんな私に向かって「妙子ちゃん、真面目なんだから～！」と笑われたことがありました。確かに彼女は私より年上ですが、仮にも私が先生の間柄です。それまでの私なら「その言い方は失礼でしょ！」と思っていたでしょうが、彼女の屈託ない明るい言い方に「まぁ、そうなんだけどね……」と納得して、呆気にとられてしまいました。その言い方があっけらかんとして嫌みがなく、ポーンと言い放った軽快さが気持ちよかったのです。

「私にはこんな言い方出来ないわ」と心から感動しました。その言葉で、むしろ癒やされたことをよく憶えています。このことがきっかけで、私はスプリングの威力を認めるようになりました。サマーの私にはマネできない、無邪気なエネルギーで人を癒やすのだと、その違いに敬意を払うようになったのです。

スプリングの改善ポイント

◆楽しみありきで、義務やルールなど硬いイメージのものを軽視しがち、または遠ざけたがる
⇓　自由を奪われるものと思いがちだが、楽しさで生きていない人もいることを理解する

◆重苦しい人に合わせるのが苦手で、とことん付き合う忍耐力が弱い
⇓　重苦しさに付き合うのが苦手なら、初めからそう告知しておく

◆悪気はなくても、道に迷う、時間に遅れるといったうっかりミスが多い
⇓　あらかじめ、起こりうる事態への対策をいくつか用意しておく（言い訳でもいいから）

◆長々とプロジェクトを遂行しようとしても飽きる
⇓　最後まできちんとやり抜くエネルギーを持つ人を仲間にする

深く渋い趣を漂わせる栄養で、個性豊かな匠の世界を探究する「オータム」

色の特徴

4つの中でも一番重いエネルギーを持つ人たちと言えます。なぜかと言えば、アースカラーに代表されるオータムは、純色にグレーや黒を足して深く、暗く、渋くした色だからです。人生に必要なのは、味わい深い「趣」だと考察しています。黒だけ足した色は、重さを追求します。薄いグレーを足した色はデリケートさを追求し、深いグレーなら複雑さを追求します。明るい色だと私たちの目はそれを判断しやすいのですが、暗く濁っていると何色だか分かりづらくなります。つまり、オータムは「分かりづらいこと」にもともとコミットしている存在なのです。

オータムのポジティブとネガティブ

自分の信念に叶っているかどうかが人生の軸となるので、信念が定まらない（見えていない）と、それを探そうと心は放浪の旅に出てしまいます。思春期に引き籠もりやすい、こだわり屋さんです。楽しく人と絡むのが嫌いなわけではないのですが、自分が納得出来ない人と付き合うのはストレスが大きいため、結果的に一人を選ぶことが多くなります。そのくらい、自分の美学にこだわります。

逆に言えば、本物を追求することに徹しているので、何かの論評を求めると的確な意見を述べてくれます。なぜそう思うか、何に意味があるかなどをスラスラと答えてくれるでしょう。何を大切にするのか、何が重要か、自分と世間を常に照らし合わせているので、頼りがいのある相談者になってくれるはず。新しいプロジェクトを立ち上げるとき、メリットとデメリットをしっかりと分析して意見を言うのは、オータムが一番得意とするところでしょう。

オータムの人生観

自分の価値観や信念を追求し、何をするために生まれてきたかを見極めようとします。それが見付かるまでは彷徨い続ける根性も持ち合わせていますので、人の意見に左右されたり、周囲の意見によって気持ちを変えたりすることは、ほとんどありません。自分で考え、自分で追い求め、自分で決断していくことが出来ます。そのぶん、助走期間が長いことは否めませんが、こうと決めたら最後まで貫くための努力や勉強には専門家のごとく没頭できます。器用に取り繕うことより中身を求め、納得するまで努力する匠の職人、哲学者、研究者のような気質です。

オータムらしい人間性を持つ一人として、私の息子がいます。彼は高校時代、一人も友人を作りませんでした。サマーの私からすればビクビクものです。私は聞きました。「ねぇ、学校でいじめられたりしないの？」。すると、彼はこう言いました。

「は？　俺をいじめられるなら、いじめてみろって話でしょ。俺が友達になりたいという人間がいないのに、無理やり友達になってもしょうがないだろ！」

私は、なるほど、そうですか。と黙って引き下がりました。自分の美学に釣り合う人間がいなかっただけのことです。彼は何事もなく高校生活を終えました。じゃあ友達が出来ないかといえば、大学生になってかなり自分で選び、人脈を作っていました。決して数は多くありませんが、少数精鋭パターンで進んでいるのは今も同じです。揺るぎないので、こちらがソワソワしても始まりません。オータムの子どもを持った親御さんは、信じて見守ることが宿命ですね。

オータムの改善ポイント

◆価値観や信念を軽んじている人が基本的に苦手で、話が噛み合わないと思ってしまう
⇓　皆が軸を気にしているわけではなく、流れることが得意な人もいることを知っておく

◆自分の世界に土足で踏み込まれると、一気にその人を排除したい気持ちになる

⇓　「その人が知らずに壁をひょいと飛び越えただけかもしれない」との創造力を鍛えておく

◆なかなか方針が定まらない自分にイライラして、自分を責めがちになる
⇓　美学の探究心が深いことを認め、自分に寄り添うことが肯定感をうむと自分を応援する

◆ついつい専門性を求めるので達成するまでに時間がかかり、自分自身が面倒臭くなる
⇓　どこまで達成したいのかの願望（美学）を検証し、細かいステップとして目標に置き換える

第4章

「栄養のある服」があなたの心を気持ちよくする

なぜか褒められ、自信が湧いてくる

人は何に反応するのか

第2章でもお話ししたように、私たちは何かを見るとき、形と色を別々に見ることは出来ません。どちらかを優先して見ることがあるとすれば、そのどちらかが強調されているときでしょう。

たとえば特別に着物を着ていたとすると、着物という普段とは違う形状に新鮮さを覚えるので、先に「形」に反応します。何色使われた着物だったなどと、いちいち分析して見ることはしませんね。でも、その着物の色がかなり奇抜で、本人より目立っていたらどうでしょう？

「わっ！　凄い色の着物を着ているな」と感じるでしょう。

このように、私たちは見ているものから形だけ、あるいは色だけを抜粋して別々に眺めることは難しく、意識しないとできません。逆に言えば、見ている対象の色や形の調和が取れていて一体感があると、とても感動します。服で言えば形、柄、素材感、そして色が、身に着けている人と調和が取れていると、完成度の高いハーモニーを感じ、思わず「素敵ですね」と言いたくなるのです。

このハーモニーの中でも、一番無意識に入ってくるのが色です。色は遠くからでもパッと見たとき、柄や素材のように注目しなくても判別・認識できるので、反応までのスピードは1秒もかかりません。何色かは誰でもすぐ自動的にキャッチしてしまう情報なのです。

ここで、よくビジネスセミナーなどで誤用されていた「メラビアンの法則」について、私なりの解釈を加えたいと思います（アメリカUCLA大学の心理 学者／アルバート・メラビアンが1971年に提唱。人物の第一印象は初めて会った 時の3~5秒で決まり、またその情報のほとんどを「視覚情報」から得ているという概念)。

この法則は、いわゆる見た目の説得力は言語や表情より優先されるとの解釈で「誤用」されてしまっていることを、中小企業診断士・リスクコンサルタントの平野喜久氏が著書『天使と悪魔のビジネス用語辞典』で解説しています。

つまり、顔の表情と言葉の意味、声のトーンなどがバラバラで矛盾が生じているとき、人はどの情報を一番重視するかを調べた実験であり、「見た目が優先との話をしているわけではない」と説いているのです。これは、心理カウンセラーとしてノンバーバルな情報が非常に大きいことを知っている私の経験からしても同感です。表情から受け取るメッセージは確かに比重が大きいものの、「見た目が優先」との解釈は、私からも苦言を呈したいところです。

確かに見た目は大事で、初対面の数秒で第一印象は決まるでしょう。だからといって、見た目を作り込めという話で私が「似合う色」の重要性を語っているわけではありません。似合う色の服を着ることの真髄は、本来のあなた自身のことが無理なく、自然に、無言でも外側に伝わることにあります。信頼に値するビジュアルに加え、見えない雰囲気まで整えてしまう。「あなたそのもの」を実現させるものなのです。つまりメラビアンの法則の誤用ではなく、中身（人間性）と外見が一致したハーモニーを作ろうという思想であり、本来のあなたらしさを置き去りして見た目を作ったところで意味がないということです。

言い換えれば、本来のあなた自身へ立ち返るために自分の色を着てほしいのであり、単に外面を作り込めという話をするつもりは一切ありません。

パッと見て伝わる視覚情報である色を「自分らしさ」という軸でまとめ、不自然さがない状態に整えるからこそ、あなたは褒められ、波動が整い、自分らしい生き方に軌道修正されていきます。「綺麗」、「カッコイイ」、「ステキ」、「情熱的」といった自分らしさが瞬時に伝わるノンバーバルな情報に包まれたあなたは、周りから褒められ、自分らしさを見直し、受け入れて、自信へと繋げていけるのです。

見えているもの、見えていないもの

私たちは見えているもの、見えないものの両方を同時にキャッチしています。「あの人、存在感あるよね〜」と言われるような人に、私たちは目には見えない迫力のようなものを感じ、言葉にするなら「空気を押されるような」インパクトを感じたりしますよね。

このように、私たちは見えるものと同時に「雰囲気」というものを受け取っています。優しそうな人、怖そうな人、面白そうな人、せわしない人……。これらに起因する情報を、ほんの数秒という第一印象において服装の見栄えだけでキャッチできるとは、到底思えません。このとき私たちは相手の見えない電磁波から受け取った雰囲気に対し、経験値をフル稼働させて情報収集と分析を無意識にやっているのだと思います。

では、「自分が思い描く自分と違うタイプにいつも見られる」という人は、なぜそうなるのでしょうか？　それは、自分自身に対する認知や自分を覆う服の電磁波が一致していないことで、ズレが生じているのでしょう。

私のお客さま（クライアント）の中にも、自分を地味だ、あるいはしっかりしていないと思っているが案外いらっしゃいます。どなたも自分の強みをよく分からないまま自分の良さを閉じ込め、ダメな人間だとレッテルを貼り付けてしまい、よく無彩色を着ておられます。

言い換えれば、自信のないメンタルを電磁波として発し、さらに似合わない無彩色で自分の顔色を悪くしているので、自らをどんどん地味な方向へ押し込めている状態となっています。このような場合に「あなたは◯◯な良さがあるので、◯◯な考えにリセットすればいいのです」と言葉で伝えても、半信半疑な表情になるばかり。気持ちは簡単にリセットされません。

でも、似合う色の診断を重ねていくと、それまでの思い込みは一気に払拭されます。似合う色、つまり似合う心の内容と、似合わない不向きな考え方が、視覚として確認出来るからです。自分のメンタルの状況を分かりやすく捉えられるようになるので、自分らしいメンタルを服で補強すれば良いのだと、腑に落ちるようになります。そう、似合う色によって目に見えない自分の心を再確認し、自分の良さを表現していけば、道が開けることに気付いてくるのです。その道を作ることが、似合う色の服を毎日着て行くことで整っていくわけです。

私たちは、見えるものも見えないものも同時に受け取っていますが、そのことに対して驚くほど無頓着です。自分で自分を見るのは鏡を見ている間だけですから、無頓着になるのも仕方ないとして、自分を追求している職業の人がもの凄く自分と向き合っているように、自分が何者なのかをよく見る（考える）作業は、大人になるほど（ホスピタリティ精神も含めて）意識するべきではないでしょうか？

「私は大丈夫」という自信を、色が心と身体に染み渡らせてくれる

自分が認めるべき特徴を色によって知り、自分が何を勘違いしていたかが見えてくると、似合う色の服を着ることがどれほど自分を楽にしてあげられるか、分かってきます。

さしずめ、ダイエットのために選任トレーナーを雇ってコーチングしてもらうことに似ています。きちんと似合う色でコーディネートされた服を着ると、あなたのオーラはそれまでより数倍も大きく輝き出し、説得力が増してきます。なぜなら、あなたの心とそれを表現する服の色がハーモニーとなり、ウソ偽りないあなたを語っているからです。あなたの自然な美しさが、何からも歪められることなくまっすぐ外側に放たれる状態です。

もちろん、今までにない賞賛の声を聞く体験も出てくるはずです。「とてもよくお似合いですね！」と繰り返し褒められることも珍しくなくなります。そう言われ続けていると、あなたの気持ちは「当然です！　だってちゃんと似合った服を選んでいるんだから！」と受け取れるようになり、外面に対して心配する必要がなくなります。自分の外面への肯定感が確実なものに変化していくので、自分のメンタルに対しても「疑っていても仕方ない」と感じるようになり、自分の長所を伸ばしていく方向へと向かい始めます。

この状態になると、似合わない色の服を着ていた自分はどこへ消え去ったのか？と思うくらい雰囲気が変わってきます。一言で言えば、自分を認めて好きになっている状態へと変化します。そこから先は、自分の肯定感が１００点満点のどこなのかをどんどん満たしていく段階に入っていくわけです。

私のお客さまが初めて色のセッションに来られるときは、肯定感という土俵にすら上がっていない人がほとんどです。自己否定感や自信のなさ、あるいは抱えている問題を突破するのに何か足りないことは気付いているけれど、何をどうすれば良いか分からない……。皆さんそのような状態です。

見えない心が「分からない」から「分かる」に変わる体感を言葉で説明するのは、容易ではありません。

「似合う色によって似合う心が分かるから、自分が見えてくるのです」

言葉で説明しようとしてもこのような表現になってしまい、なかなか伝わらないのです。でも、伝わりにくいからこそ体験して分かる自分との対話を通して、あなたは古い友人に会ったかのように「安らぎの種」を見付けた気持ちになるのではないでしょうか？　まあ、そう思えるには1カ月ほどかかるかもしれませんが。

栄養のある服が、あなたのメンタルを強くする

人からとやかく言われないオーラになるから、余裕が生まれる

「自分はこの道を進めばいいのだ」と確信できたメンタルは強いものです。ここに至るまでが本当に長い道のりになってしまうのが人生の実態です。でも、紆余曲折が悪いというわけではありません。迷いながら様々な経験を積むことが、あなたの心のヒダを増やしていることは間違いありません。ただ、同じ経験を積むにしても、ネガティブな感情ばかり抱きながら経験していくのと、ポジティブな感情も含めて経験するのとでは、天と地ほどの差がありますよね。

私は心理カウンセラーでもありますので、引きこもりの学生やリストカットしてしまう思春期の子どもたちと話をする機会があります。リストカットする子どもたちが

皆後ろ向きかというと、そうでもありません。どうしようもない怒りを自分に向けて処理しようとしているのです。

そこに良い悪いはありませんが、一般的に子どもがリストカットすれば親は驚き、叱ってしまうことがほとんどでしょう。親もビックリするからです。自分を傷付けることは良くないと教えなきゃいけないと必死になるあまり、「怒る」、「叱る」といった感情表現になってしまいます。

では、子どもたちはどうでしょう？　やり場のない喪失感や痛み、不信感に覆われ、どうしていいか分からなくなり、自分を傷付けることで自分の存在を確かめている彼らを責められるでしょうか？　できることなら、ポジティブな感情も感じながら紆余曲折を体験して欲しいと切に思います。

人は、ポジティブばかりでは生きられません。ネガティブになることでポジティブを味わう喜びを知り、アップダウンの中でバランスを取っていこうとすることこそ、生きる醍醐味でもあります。しかし、そうしたことを誰からも教わるチャンスに恵まれないまま、前を向く手立てが見つからず、苦しさから逃れようとリストカットしてしまう子どもたち。彼らの心の叫びを、どこで、誰が、いつ受け取ってあげられるのでしょうか？

心理カウンセラーとして彼らの叫びに触れ、応答できる立場となった今。実は大人たちも解決策が分からないまま成長し、同じように悩んでいるように感じます。立派に社会人として生きながらも、自分がつくってきた殻から抜け出せずに息苦しくなっている。そんな人こそ「色」という側面から自分を検証することで、確固たる素の自分を見出せるのではないでしょうか？

私も色から人生を修正させられ、自分をつくってきた人間です。かつての私と同じように迷っている人、苦しんでいる人に、１日でも早く「本当の自分」と出会ってほしいと願っています。

似合う色の効能として一般的に広まっているのは、対外的に印象が良くなり信頼度が上がるというパフォーマンス的な要素です。しかし、私がお話ししている「似合う色を着る」の意味は、本来の自分自身に戻って自分を生きる」行為を助け、道しるべを自分の中に軸として置くことで自己承認できるようになる状態です。見た目のパフォーマンスは、その結果として当然起こるお釣りのようなもの。「着る」という毎日の行為の中で、自分を労り、見つめ、応援し、育むことが出来るよう変化してほしい。色は、自己成長へと繋がる次の扉を開いてくれるからです。

私たちの心と身体は、色という目に見える電磁波から栄養を貰えるのです。あなたに適した栄養となる色が「似合う色」であり、心と色を一致させていくための色の使い方を「トゥルーズカラー」と私は呼んでいます。あなたにとっての「真実の色」の複数形です。

自分に似合う色の心地良さは、着ていくほどに肌と一体化していくような感覚かもしれません。澄み切った空気の高原に出かけ、「空気が美味しい！」と思う感覚に似ていると思います。どこかホッとする、ラクな感覚があるはずです。それは試しに数週間続けてもらうと実感してくるでしょう。ダイエットが1日で達成しないのと同じように、1日で皮膚感覚の変化に気付くことは難しいですが、早い人だと1週間ほどで違いに気付く人もいます。1週間、2週間と時間が経つほどにじんわりと効いて、「良い感じ」になってくるはずです。

これが、無意識にあなたのメンタルを塗り替えている感覚です。古傷の一つや二つは誰の心にもありますが、部屋をリノベーションするように、トゥルーズカラーはあなたの心をリノベーションし始め、キレイに着替えていくことを助けてくれます。古傷に振り回される生き方より、その傷に感謝して抱きしめ、「ともに高みを目指して登ろう」とすら言いたくなる自分へと、たくましく成長する。それこそ、栄養のある色「トゥルーズカラー」の真髄です。

服で見た目は合格点、不安がないからやるべきことに集中力を注げる

自分はカッコイイという保証が手に入ったら、どう見られているかという心配から卒業できますから、そこから先のことに集中できます。つまり、自分の中にある、まだ見ぬ自分の開発です。

もし、自分が思ってきた自分とトゥルーズカラーを纏った自分にギャップがあるとしたら、それだけあなたはもう自己開発の振り幅の大きさに気付いていることでしょ

う。あなたが思ってきた自分とは、おそらく環境から与えられ、半ば無理にでもそうでなければいけないと思い込んで鎧もしくは仮面を装着した、偽りの姿。そうやって頑張る経験も必要だったのですが、要らなくなったからこそ、色との出会いが起こるわけで、もう脱皮のときが来たと悟っていいのです。そして実際にトゥルーズカラーを身に纏ったら、どんどん自分を受け入れて新しい領域に進んで行けば良いのです。

私の場合は、こんなステップでした。

・サマーであることにもの凄く抵抗し、生きていけないとすら思った
・色を学びに行った意地から、仕方なく似合う色を着始める
・まもなく人から褒められ、道でも電車でも視線を感じるようになる
・対抗していた母親からも褒められ、初めて分離出来た自覚が湧き、自分を生きようと思う
・自分の色を探究し続けていると、一般的な「サマー」より極端に似合う色が少ないと分かる
・少ない色幅の中であらゆる色の調子を試し、ちょうど良いトーンを知る
・そこから自分のデリケートな本質を知る

・その立証となる身体のデリケートな反応を自覚する（心と身体は繋がっていると自覚する）
・本当の意味で生まれ変わることを要求され、鬱になる
・紫が似合う本当の意味（霊性・独創）が腑に落ちて復活する
・紫が持つ特性に沿った人生を生きることで、ビジネスにおける自分のポジションを確立する

私が鬱にまでなったのは、この上なく頑固だったからです。心も身体も動けないほどのダメージを受け、大きなリセットを必要とする厄介な人間だったと、今なら笑ってしまうほどよく分かります。当時、守護霊が私を見放さず応援してくれた辛抱強さには頭が下がります。泣きながら「未来を信じることなんて出来ない！」と叫んでいましたから。

そんな不安に見舞われていた私が、不安がないところまでメンタルを強化出来るとは夢のようです。まるで別人の境地です。でも、辛かった自分を忘れているわけではなく、苦しんだ自分を愛おしく「よしよし」と頭を撫でる自分がいます。あれほど苦しんだからこそ、今の私がいるのも事実です。でも、それは延長線上というより、パ

ラレルワールドへ移動した感じと言った方が良いかもしれません。今の私はそこにいない。一人の人間の中にも何百層もの段階があって、そのミルフィーユの層をドンドン移り変わっていくイメージと言えばいいでしょうか。

似合う色に出会ったばかりの頃は半信半疑でも、適した電磁波は裏切りません。似合う電磁波を浴びて背中を押してもらえば、集中したい方向へと向かっていけるのです。

服を着ることで、気が付かなかった強みを伸ばしていける

色は喋らず、黙ってあなたの身体を包んでいます。黙っているのに、その情報提供能力は半端ないものです。似合う色はグループで判断されますが、トゥルーズカラーで大事にしているのは、30色の中で得意と不得意のゾーンを区別することです。なぜなら、ここからあなたの個人的なメンタルの特徴が見えてくるからです。

トゥルーズカラーでは、似合う色を100点、90点、80点、70点の4段階に分けますが、この4段階がどういうばらつきで出るかは、人それぞれ個人差があります。

私の場合は100点が3色しかない、似合う色が極端に少ない変わり者ですが、それもまた特徴です。この自分の特徴を色から掴めることで、意外な自分の特徴やポジションを知らされ、自分を開発していくヒントが得られます。つまり、似合う色を着ていく中で自分の得意なポジションとそうでもないところの差が分かりますから、それを心のあり方として私が翻訳していくセッションを行っています。自分に似合うことすら知らなかったその色が、雄弁にあなたを語り始めますから、無言の自己紹介ツールとして「似合う色」を「トゥルーズカラー」まで昇華させて使わないともったいないと思います。

たとえば、私の教え子には何人のも「スプリング」がいますが、それぞれに違いがあります。Aさんはとてもクリアな透明感の高い肌に見えて、似合う色はキレイで濁りのない色が中心。一方のBさんは少しくすみがあって、まぶしい色はAさんより苦手です。二人の性格を比べると、透明感の高いAさんのほうがハッキリして行動に移す時間が速いのですが、Bさんは少しゆっくり動いてほのぼのした性格です。同じグループでも色の個人差が性格の特徴と同じように見受けられます。

私の場合も、サマーでありながらほとんどのサマーが似合わず、赤紫、紫、ココアの3色しか100点がありません。この3色は独特といわれる紫とそれを中和する地味なココア、つまり私の性格は「独特」と「中和」という言葉で象徴される性格の持ち主ということになります。言い換えれば、非凡で個性的な性格だが、それを中和して人に届ける力があるといえます。

実際、私はコンサルタントやカウンセラーという技術がいるコンテンツを人に分かりやすい形でかみ砕いて解説するセッションを行っており、自分の特徴にあった色と同じ生き方をしています。黒を着ていたときは考えられなかった生き方で、今の私が自分らしく生きていることは、言うまでもありません。

このように、自分に備わっている深い特徴を、色から受け取ることが出来るのです。その内容は案外精密で、本人が全く気付いていない部分の情報をはらんでいることがほとんどです。これからの人生に、どういう風を吹かせるか。色があなたに教えてくれる情報は、生まれ持った無意識の部分で自分と交わした約束を思い出させてくれる、密やかな鍵のようなものと言えるでしょう。

服のお陰で「無難」から卒業できる

「無難」は、いらない。自分であることの価値に目覚める

色から自分の特徴を知り、服によってそれを毎日表現していくことで、本来のあなたとして輝くことが日常になってくると、個性的であろうとする意識が芽生えます。

「無難」とは、思えば恐ろしい言葉です。作家・演出家の鴻上尚史氏が『AERAdot.』に書いた記事で、個性的な服装をしていた帰国子女がクラスで浮いた存在となってしまい、自尊心が打ち砕かれたことについて解説していました。問題の根底には日本人の「自尊心の低さ」と「同調圧力」があり、これが日本人の「宿痾」（長い間、治らない病気）と説明しています。そもそも、普通であること、目立たないこと、はみ出さないことが身の安全であり、協調意識と同調圧力を同じ意味において脅迫するような空気感が日本に根付いてしまっているからでしょう。

小学校あたりから母親が「目立たない方が安全よ」と言ってしまったり、協調性を重んじるあまりに我慢することを薦めたり、「我慢すること＝安全」と信じ込ませたりと、社会で生きるためには我慢が一番と言い続けてしまいます。

それは、自分も我慢を強いられてきたからです。「みんな、そうやって大人になっている、だからあなたも我慢するのは当然！」。そのようなことを力説している親の姿に覚えはありませんか？ 自分が嫌な思いをしたから、子どもにはそうさせないようにする親もいるのですが、割合的にはまだ少ないでしょう。

このように、私たちは自分らしくあることを認められて成長してきていません。その中で自分を認めて生き直すには、それなりのエネルギーがいるでしょう。

しかし大人になるというのは、どこかで自分を受け入れ、認めていく作業です。これをしないまま幸せにはなれません。誰かに大きな幸せを与えてもらっている人は、それをいつか失いやしないかと不安に襲われる毎日を生きなければなりません。自分が自分を認めていれば、不安を抱いたところで意味がないことを、体験と時間から自然と教わることができます。

「私」の行方を探す、個性を極める。他者との違いを受け入れ、大きく受け止められる

私のところへ相談に来られる方の大半は、私がコンサルをしているお客さまと繋がっています。そのお客さまに勧められたり、変化に驚いて感動した方が理由を尋ねて私を知ったりして、ご縁をたぐり寄せた方が95％です。残り５％の方はブログやＳＮＳといったウェブサイトからですが、しっかりと内容を読み込んで問い合わせをいただきます。言い換えれば、引き寄せられるように私の元へいらっしゃいます。その段階で、すでにその人の心は、本当の自分を探し始めたことになります。

「これまでの自分と変われるかもしれない」と期待を抱くことは、自分を認めようとする触覚が動いた証拠です。自分のことが分からないところから始まり、新たな色の情報から得た栄養を咀嚼しようとする。その過程は、他人との違いを認めて自分自身を深めようとする行為にほかなりません。

その入り口に立った人は、このように心の中で感情や思考が変化していくはずです。

・「協調」と「我慢」を同じものとしない
・「無難幻想」から脱出
・「同調圧力」を自分の領域に入れさせない、心の芯を持つ
・芯は自分オリジナルであると認める
・自分だけのデータ（色）を知り、尊重する
・データに基づいた服（電磁波）で自他境界線をしっかりつくる
・自分を服に語らせる
・むやみやたらとツッコミ（指摘）をさせない＝同調圧力を自動設定ではねのける
・いつも侵害されないパーソナルスペースを保てる＝心地よい
・だからむやみに人のパーソナルスペースを犯さない感受性が備わる
・自他境界線を尊重した関わりが自在になる
・「自分を尊重出来る」から「他人を尊重出来る」状態になる

自分を受け入れることも出来ないのなら、他人を受け入れることなんて出来ません。他人に振り回されないためには、むしろその人の個性が自分とは違うものだと受け入れることが必要です。自分という個性を受け入れられているからこそ、他人の違

う個性もありだと思えるからです。頭で他人を受け入れようとするより「体感」で自分を受け入れるほうが、よっぽど心の「体幹」も早く作れます。

視点が変わり、何の痛みに恐れていたのか見えてくる

そして自分にゆとりが生まれてくると、以前受けた心の傷に対しても思いやりをもって眺めることが出来るようになり、その痛みをつくっていた恐れの根源が見えるようになってきます。その変化のプロセスは、こんな感じです。

・精神的にゆとりが生まれる
・むやみやたらと人を責める必要がなくなる
・人は人、自分は自分という心地良さの境界線が分かってくる
・人にはそれぞれの次元があり、とやかく言っても仕方ないと理解するようになる
・人をとやかく言うより、まず自分のスタンダードを守ることが一番だと理解できてくる
・自分のスタンダードが守られ、人をとやかく言うのは意味がないと分かってくる

・自分が恐れていた痛みや悲しみを愛おしく思えるようになる
・痛みを感じている人を労りの気持ちで見られるようになる

精神的なゆとりが生まれると、それまで自分が何を恐れ、焦っていたかがよく見えるようになります。痛みを抱えている最中だと、問題の根源に触れたくないのでそこを見ないよう無意識で避け、問題に焦点が当たりません。しかし自分を認めるようになると、問題の根源だった痛みが過去の筋肉痛のように「知っているけどもう痛くない」状態になるので、その筋肉痛が起きたトラブルを客観的に懐かしく眺めることが出来ます。抱えていた問題を以前より高い次元から解釈出来、ますます成長欲が促進されるのです。

服が教えてくれる「自分らしさ」で迷いが消える、成長欲が湧き出る

普通のあなたから、自分に合っているものを選べるあなたへ

自分が成長したいと思っていたとしても、何をどうすれば良いか、なかなか見えてこないもの。「分かっていれば苦労しない」と誰もがそう思っているはずです。どこに向かうか、何をするかを頭の中だけで考え出すのは至難の業ですから、行動していく中で何かを感じ取るのが一番の早道です。

私のサービスにショッピングエスコート（買い物同行）があることは前にもお話ししましたが、これを始めた理由は、お客さまからこう言われたからです。

「似合う色は分かりましたが、どう買い物していいか分かりません」

私は驚きました。似合う色が分かれば、それを探せば良いだけじゃない？　と思っていたからです。
しかし、友人から指摘されました。「それは、かつてあなたが服飾売り場の仕事に就いていて、一般の人よりファッションに詳しいから困らないのよ」と。

・何色と何色を組み合わせればキレイになるのか？
・そもそも上下の組み合わせはどうするのか？
・似たような色があれば、どちらが優先か？
・どんなお店がいいのか？
・どこに行けば手に入るのか？

このようなことは誰でも出来ると、私は勘違いしていたのです。

私に初めてショッピングエスコートをオーダーされたのは、岐阜県の40代男性でした。「あの～、服を選んでくれるんですよね？」という言葉から始まりました。話を聞いてみると「何をどう選んでいいか全く分からず40歳まできてしまったけれど、これからはプライベートくらい自分が気持ち良くなる服を着て過ごしたい」といった要望でした。この方は似合う色の存在すら知らず、「電車男」のような風貌で現れました。

私が関わらせていただいて、まず驚いたのは、服を買い慣れていない人にとって「服を買う」行為には、大きな抵抗感や戸惑いが伴うことでした。

私はもともと服への興味が高くて服飾業界に就職したこともあり、服へ意識を向けていない人が服を買うことに対してストレスを感じているなど、知るよしもありませんでした。ですから「買えない」という感覚が分からなかったのですが、この男性を通して現実を認識するに至りました。

また、自分を変えたいという欲求があり、服を着ることで解消出来るかもしれないとの発想に至るまでには、不安や勇気が付きまとうことも分かりました。この男性は服を買うまではスムーズでしたが、いざ着る段階になってメールでこう伝えてきました。

「後藤さん。買った服を着て、部屋の外に出られません！」

間違いなく似合うと頭では分かっていても、今までとは全く世界観が違う「カッコいい感じ」の服を着ても良いという許可を、自分に出せずにいたのです。

「気持ちは分かります。でも、せっかく買って着ないことには何も変わりません！絶対に似合うものしか買っていないので、とにかく着て外に出て下さい。その一歩が世界を変えますから！」

そして彼は勇気を奮って新しい服で外に出ました。そのドキドキ感はどれほどのものだったでしょう？　いつも出掛ける自己啓発セミナーに新たな服で出席し、彼が手にしたのは……、賞賛の嵐だったのです！「どうしたの？」「どうやってそんな買い物をしたの？」「どこに行ったの？」など次々に質問され、彼の紹介で何人ものお客さまがいらしたのは言うまでもありません。

それから彼は数年にわたり買い物を継続し、すっかり「新しい自分」が「いつもの自分」にまで定着しました。着たときの衝撃、賞賛の嵐、心の変化、自分への見直しと自己承認、そして飛躍へ。ドラマを観ているように彼が変わっていくさまを目の当たりにしました。

変われた喜びが大きかったのでしょう。彼は自分のブロマイド写真をプロに依頼して撮影するところまでいき、それはもう素敵な芸能人に見える写真でした。私は選んだものを全て身に付けて撮った写真に、生まれ変わったオーラをまとった彼を見ました。この男性にとって文明開化の鐘が心の中で鳴り響いていたことでしょう。自信のない自分は消し飛んだと写真が証明していました。

この状態が自己承認を得ていく過程ですが、この変化は１カ月とかからず進行していきます。もちろん買っても着ないのであれば行動が伴わないので変化は起こりませんが、自分を表現する服にはそれまでの勘違いを吹き飛ばす力があります。

この体験を経ていけば、あなたは、どんなものが自分に合い、身に付けると気分が良くなるか、選ぶことの価値が分かってきます。もう無駄はしたくないし、わざわざ気分を下げたくない。自分でいることの心地良さが、理屈ではなく体感で分かるようになるので、自分らしく生きることが一番無駄のない人生だと当然のごとく思えてくるのです。

自分らしい特色を探せる触覚に気付き、触覚を育てると、何を求めているかが分かる

私がショッピングエスコートをしながらお客さまによくお伝えしているのは、このようなことです。

・試着をたくさんしますが、それは似合う色の服を着て気持ちがどう変わるかを感じて欲しいからです。着心地、肌馴染み、気分を感じて下さい。
・似合う色を薦めているので、まず着てみる体験をして下さい。
・その中で好き嫌いはハッキリ言って下さい。そしてその理由も口に出してみて下さい。
・自分に良いと感じる理由は何か、考えてみて下さい。
・試着した中でとりわけ買いたい服、そうでもない服の優先順位を付け、なぜそうなったかを言葉で私に伝えて下さい。

このように、私はお客さまに「なんで?」と質問を繰り返しながら、どんどん試

着させていきます。皆さんは次々と聞かれるので取捨選択の理由を考えるようになり、何が好きで何が苦手か、何を求めているのかが、服探しを通して見えてくるのです。
服を探しているのですが、それは人生を探すこと、生き方を探すことに必ず通じてきます。自分はこんなものが似合うのか。思っていたより突飛なものが似合うんだな。こんな素材が好きだったんだ……。一度の買い物でも新しい発見が山のように見付かり、まるで宝探しのようです。

見る（商品を）、探す／着る／見る（試着した姿を）／考える／決める／高揚する／認める／納得する。この一連の流れを2～3時間の中で繰り返すのは、もの凄い集中力と興奮を持って行う、心の筋トレのようなもの。

一般的な買い物同行サービスだと、あなたの「心」までは取り扱わないでしょうが、私が提供したいのは、似合う色と服を着ていくことで人生を変化させ、ステージアップさせるメンタルトレーニングです。
心の体幹がしっかりしてくれれば、日常でポジティブとネガティブな感情に揺さぶられても、すぐ「中庸」に戻れる自分をつくり上げることができます。そんな社会人が世の中に増えれば、ハラスメントといった非生産的なエネルギーも削減されるでしょう。

人にハラスメントをする時間があるなら、自分を向上させるために使ったほうが有効ですが、ハラスメントしてしまう人は、心に何らかの痛みを抱えており、そこに触れないようにすることに必死で、周囲に攻撃対象を見付けようとしてしまいます。そのことを責めても解決にはなりません。痛みを解決できる方法を知らせて、変われるレールに乗せてあげるほうが早いのです。

ステップアップしたステージを思い描き、登るだけ。求めることは楽しいこと

ショッピングエスコートで体感した心の筋トレは、独特の高揚感と共にあなたの脳裏へ心地良いイメージとして記憶されます。

試着という行動が伴う体感は、知識だけを頭で整理する習得とは違い、思考にもメンタルにも鮮烈な刺激を与え、定着の度合いも圧倒的に大きいものとなります。また、一人でする買い物とは大きく違う刺激があなたを未体験ゾーンへと誘うので、非日常のサバイバル体験に近いものを得られると言っても過言ではありません。おそら

く、心のアスレチック（アクティビティ）のような感じでしょう。

どんな方法にせよ、変われるレールに自分を乗せることは、自己開発の重要な岐路といえます。そして意外性があるほど刺激となり、大きな効果が期待できる。「似合う色」を心の読み解きまで深めてくれる「色と心の統合」は、忘れていた自分を取り戻して自己承認していく、さしずめコースティナーのようなものと言えるでしょう。毎日出掛けるわけではないけど、自分の人生の開発記念日になり得るサプライズギフトとなるはずです。

よく「変化するのは大変なことだ」と思い込んでいる人がいます。しかし生きるということは、そもそも新しい体験を積み上げていくことです。私たちはこの世に生まれてきた以上、新しい体験をして学びたいと魂に設定されており、その宿命から避けられないのも事実です。

自分が変わらない人生を望んだとしても、あらゆる出来事に遭遇し、変わることを要求されるはずです。どうせ変わらなければならないのなら、前向きに楽しく変化できるに越したことはないのではないでしょうか？

似合う服を着るようになって周囲から褒められる経験を重ねると気分が良くなり、次のステップに進みたくなるのは自然の成り行きです。この流れを初めに作ってしまえるのが、変化欲求をスムーズに向上させるために有効なポイントとなるでしょう。

やってみたけれど大して効果がない……といったメソッドとは違い、必ず変わることが体感できる色と服の効能は、知られざるメンタルへの良質なアプローチとなるはずです。

心を掃除しようと言う覚悟で来られたお客さまに、私が常々申し上げる言葉があります。それは、「清々しく」と「潔く」です。この二つを合わせると「清潔」となります。心をきれいにすっきりさせると、心が清潔になるということです。

あなたは迷ったとき、損か得かを真っ先に考えますか？　これだと心はねじれていきます。なぜなら、人には得でなくてもやりたいことがあり、その意思に反しているからです。たとえば、電車でお年寄りや妊婦さんに席を譲ろうと思ってパッと行動出来たとき、気持ち良く感じませんか？　自分は席を立つので損得で言えば損ですが、譲ったときの方が気分は清々しいはずです。このように、清々しいことをすると私たちは気分が良いのです。

また、何かを選択しなければ前には進めないのだろうけれど、どこで踏ん切りをつければいいか分からなくて迷走することがありますよね。ランチのメニューを決めるときなども日常のささやかな決断だと思うのですが、最終的には直感で「これ！」と決めるはずです。

実は、人生の大きな選択でもこれと変わりません。A・B・Cのランチをずっと悩んでいる人が面倒くさがられてしまうように、潔く「これ！」といって決めることが人生には必要です。

すぐに決められない人は「損したくない、後悔したくない」という感情が動いていますが、迷って決めないことで何も学習が出来ておらず、そのことで損しているとも全く気付いていません。

選択は前に進むための行動の意志に過ぎず、一見損したような状況に見舞われても、その学習が必要だったから起こっているのだと後で気付けるレッスンのようなもの。結局のところ損はないのですが、そのことに気付けない人も多いんですね。
迷ったら「清々しいか？」を基準に考え、「潔いか？」で行動を検証すれば、人生の学習はほとんど問題ないのです。必ず後に「落としどころ」を発見することになりますから。

このように、生きる感度を上げるために必死に本やセミナーで頭を動かすより、やったことのない買い物体験の方が数十倍も心の「清＋潔」体験が出来るので、私は色と服を大切にしているのです。

第5章

自分を服から受け入れたことで人生を変えた人たち

この章では、実際に服の色を変えたことで、メンタルに影響が起きた方々の体験談をご紹介します。

リストラされそうな平社員が、経営企画部部長へ

このままではリストラされる不安とどう戦うか?

この男性が私のもとへ相談に来られた当時、39歳の平社員でした。彼が勤務する会社では業績が悪化すると大量のリストラをするのが常套手段で、ご本人もその危険性を感じていらっしゃいました。

「次にリストラが起きたとき、このままだと確実にその候補に入ってしまいます。何とかそれを回避する道を考えなければと思っていますが、業務上で出来る改善は現状見当たらないのです。だとしたら、外見を変えて説得力のある存在に見えるようにで

もしないと。そう危機感を感じている状況です」
この方は現状でやれる範囲のことを問題なくやっているのですが、リストラとなったら容赦なく切り捨てられてしまう。そのリストに入らないよう全力で阻止する策として、今まで無頓着だった服装の改善にコミットしたわけです。彼は初めてのセッションのとき、こう言いました。

「服装を変えようにも、あまりにもセンスがなくて……。今さら雑誌を買ったところで、人から見て説得力のある服装をいきなり作れるわけないし。自己流で果てしなく時間と訓練をかけるくらいなら、ここはプロに丸投げした方が賢明だと考えてきました。全く無知なのでよろしくお願い致します」

仕事でこれ以上、手を尽くせないなら、見た目で少しでも説得力ある存在に

ある意味、潔い覚悟ではありました。リストラを避けるためにやれることはやっておかないと、兎に角まずい。との切羽詰まった雰囲気でした。

「分かりました。服を変えることでどうなるかは分かりませんが、少なくとも、あなたが今までより説得力ある存在感を放つことは間違いありませんから。とにかく似合う色を着ていくレッスンをやっていきましょう。まずは御社の服装条件や周囲の方の様子などをお聞かせ下さい」

こうして会社風土に見合った服装状態（スーツかカジュアルかなど）をお聞きしながら欲しいものや必要なものをリストアップし、買い物要件の準備をしました。このとき大切なのは、全てをしっかりと切り替えてしまうことです。なぜなら、服だけでなく髪、靴、鞄などの持ち物、履く物までトータルでコーディネートすることが、「変わる覚悟」を周囲に分かりやすく印象付けることができるからです。私は男性と、こんなやり取りをしました。

「ひとつお願いがあります。今のあなたの覚悟は分かりましたが、現実に似合う色の服を買っていく、着ていくという段階で怖じ気付く方もいらっしゃいます。それは、見たこともない服や靴を買い、見たこともない色を着ていくことに目が慣れていないからですが、ここで実行に移せなければ意味はありません。私は確実に似合う物、そしてお勤め先の条件と環境に見合うものを選びますから、それを着るという実行力はあなたの覚悟次第です。本当に変わりたいなら、着て下さいね」
「分かりました。もう後には引けないからこそやって来たので、大丈夫です」

もう言われたとおりに着てみるしかない

ヘアサロンエスコートも行い、私が一緒に美容室へ行って髪型も変えてもらいました。男性はこの日以来ずっと、お連れした美容室へ通い続けていらっしゃいます。遠方にもかかわらず、もう8年になります。違うサロンでまた説明をするのが苦手だからということです。

何だか凄い誓約を交わすように見えるでしょうが、この男性の切羽詰まった状況に合わせて私が潔い行動を促しているに過ぎません。誰もがこのような状況にあるわけではないので、その方に適した方法で行動を促しています。

この男性の場合、「自分に服を選ぶ能力はないし、今から学ぶには時間も手間もかかりすぎるから、プロに任せた方が効率が良い」と英断されたわけで、大人のビジネスマンらしい無駄のない発想だと思います。

実際に買い物をしていく段階で「これを薦めますが、大丈夫ですか？」と何回も確認を取るたびに「大丈夫です。変えるために来ているのですから」とおっしゃっていました。きっと内心は落ち着かない気持ちで一杯だったのでしょうが、後日聞いてみると「だって、もう着るしかないですしね。自分では選びようがないですし、似合うものを確実に選んで下さっているわけですから。良い悪いとか嫌いとか、自分のそれまでの価値観を挟む意味はないと思っていましたから」

次元を上げる意味を受け入れた結果、みるみる昇進

後日、周囲の反応も含めて感想を伺ったところ、会社での反応は極めて薄いもので、誰からもほぼ反応はないとのことでした。「効果がなかったのか？」との不安がよぎりましたが、次の人事異動でハッキリと効果が読めました。

そう、彼は昇進して平社員を卒業し、課長補佐になったのです。そこからトントン拍子に課長、次長、部長へと昇進し、ついに経営企画部部長へ。私が関わって8年の間に5回の昇進を果たしてきました。この時間の中で、服だけにとどまらず心の次元を上げるセッションも繰り返し行い、自分と向き合うこと、リーダーとして求められる視点を養うことも続けていきました。

この方は、自分がトントン拍子で昇進していくことを単なる偶然のように捉えていましたが、それは彼が「スプリング」の穏やかな人柄だからと思います。かなり努力家で粘り強い仕事ぶりだと端からは見えるのですが、「まぁ、やるしかないですからね」といった気張らない表現であっさりと言います。

彼からは事あるごとに現状をご報告いただき、性格分析に基づいてどう考え、どうリーダーシップを発揮するかをセッションで確認しながらやってきました。男性はそのたびに自分の中に入れるべきエネルギーを理解し、整備していったと思います。その地道な努力が結果として繋がっているのですが、傲ったところが全くない彼は、今も「たまたま」という言い方をしています。

人が成長していく上で必要なものは、「質の良い鏡」の存在だと思っています。彼にとって私がその役割を果たせているなら、コンサルタント冥利に尽きます。

好まない異動は、実力を認めるためのレッスンだった

50歳目前、しんどい異動で辞めることが頭によぎった

40代も終わろうとしているキャリアウーマンが、カラーセッションにいらっしゃいました。私のことを人づてに知り、どうせなら手応えがあるコンサルをしてくれる人のところへ行ってみようとの思いがあったようです。

「似合う色について調べたことはありません。結婚して子育てもしながら、大手の銀行でキャリアを積んできました。ここまで精一杯働いてきたつもりですが、今回、苦情処理をする部署のリーダーという異動人事の内示が出ています。私は自信が持てず、辞めることも視野に入れていますが、実際はどうなのか……。というのが今の心

境です」

色は、自分のこれまでの頑張りとはかけ離れた価値を問いかけてきた

ここまでの仕事人生で手を抜いたつもりもない。むしろちゃんとやって来た……。仕事も子育ても両立しながら頑張って働き、キャリアを築いてきた彼女に、想定外の望まない人事異動が降ってきたのはなぜか？　その意味を考えあぐねた彼女は、カラー診断というこれまで考えつかなかった方法から解決のヒントを得ようとしていました。分からないから、それを探るために最も考えつかなかった方法を採用してみよう。この方のそうした勘どころの良さを私は感じ、こう伝えました。

「なるほど、人生に大きな問題を抱えていて、何かを変えていかなければならないという危機的な状況ではないのですね。カラーが教えてくれるあなたの根本的な心理と特徴を知ることで、今まで気付かなかった自分の強みに気付けるでしょうから、まずは似合う色を調べてみましょう」

結果は「スプリング」でした。女性の反応は淡々としたもので、私のアドバイに静かに耳を傾け、黙って聞いていらっしゃいました。通常、意外な情報を受け取ると驚嘆するような反応をする人の方が多いので、この方の静かな空気感を意外に感じていました。私は彼女にこう伝えました。

「スプリングということは、苦情処理というハードな部署で強烈なリーダーシップを発揮しろという意味ではないですよね。なぜなら、スプリングは〝癒やし〟が象徴的な意味であり、周りを和ませたり、朗らかにしたりする天性の空気を持っていますから。力むより、むしろ緩んで部下をゆったりさせるようなリーダーのあり方を示せば良いかもしれません」

出来るのか出来ないのか。この判断からかけ離れた自分の価値に気付くきっかけ

彼女は何も言わずに私のアドバイスを聞き終わると、「少し考えてみます」と言っ

て帰っていきました。さて、彼女は会社を辞めるのか？ 続けるのか？ 気にはなりましたが、その結論をとやかくいう立場ではありません。そのまま時間が流れ行き、4年後に再び連絡が来たのです。

「実はあれから苦情処理の部署をやり終え、今は経営企画部に異動致しました。経営層の男性とやり取りするのが日常になりましたので、スプリングの女性でも凛とした雰囲気を出せる服が欲しいのです」

私は「おぉ！」と、感嘆の声を上げてしまいました。意にそぐわない部署のリーダー職で見事に任務を果たし、次に異動した部署が経営企画部とは……。4年前に起きていたことの意味がすっかり理解出来ました。彼女の「癒やし」オーラが苦情処理のリーダーとして上手く作用し、その采配が認められたことで最も経営層に近い経営企画部のリーダーになったわけです。つまり会社は、彼女の人間力をちゃんと見ていたのです。

もし彼女が自分の良さに気付かず、がむしゃらに部下を抑圧するようなリーダーシップを発揮していたら、この部署はうまくいかなかったでしょう。彼女が和やかな個性を発揮し、周りを包み込むような新しいリーダーの姿を提示できたからこそ実績が買われ、その結果が栄転となったわけです。

知らなかった色から、働く自分の姿を見付けていく喜びを見付ける

難しい部署をやり終えて4年後に再会した彼女は、清々しいオーラを放っていました。あの頃、自分の強みに戸惑いながら帰って行った姿とは違い、すっかり自分の良さを強みに変えて仕事が出来ている様子でした。そして晴れ晴れしい表情で、これから自分が何を目指すかを明確に話してくれました。

「今、経営企画部のリーダーとして大変なのは確かです。部下からの新しい意見と上司からの注文の狭間でバランスを取っていく難しさは常にあります。ただ、私はスプリングというゆるいエネルギーの持ち主ですから。女性という立場でも男性社会のビジネスで説得力が十分持てることを、身を以って後へ続く女性たちに示したい。自分に似合うスタイルとカラーを纏うことで、人生の次のステップも視野に入れつつ、そ

んな存在を目指しています」

銀行という硬い世界での重責なポストは、強靱な個性の持ち主でないと務まらないとのイメージがありますが、それを清々しく払拭するような彼女の存在に、私は拍手をおくりたいと思います。

こうした心境になれた服について、彼女はこのように語っています。「後藤さんが次々と選んで下さった洋服は初めてのブランドばかりでしたが、事前にニーズや制約、好みのスタイル、与えたい印象、着心地や機能面の条件をお伝えしていましたので安心でした。なかでも印象的だったのは、診断でいただいたカラーパレットが全てではなく、全体感が大事だという後藤さんのお言葉とチョイスの確かさです。スプリングの軽やかさ、明度の高いカラーで、ダークスーツ＆コンサバな男性たちの信頼をどうやって得るのか？　そんな疑問に対して、後藤さんからは落ち着いたオータム寄りながら明度の高いものやスプリングカラーがミックスされたデザインやスタイリングを提案していただき、目から鱗でした」

私が大切にしているのは「その人らしさ」であり、立場や条件もそこに加味されるのは当然です。基本の軸はズラさず、その時々の自分を作りあげ、変化していくことへ柔軟に対応していく自分を、色と服から感じていく。それもまた、自分との対話を豊かにしていきます。

彼女が色と服の持つ不思議な力に導かれ、自分らしさを尊重する生き方にシフトできたのは、まさに色と心の統合によって次元が上がった結果にほかなりません。

気遣いで疲れ果てた中間管理職から、遠慮をやめて経営企画部へ

真面目すぎて辛抱強い「サマー」は、我慢が当たり前となって心が軋んだ

続いての男性は、「サマー」を代表するような性格です。真面目で気遣いは当たり前、誠実で人の要望に応えることで役に立ちたいと考える、貢献心に溢れた方でした。それゆえ上司からいつも当てにされ、きちんと役目を果たすのでさらに信頼を得て、何かと頼まれては断れない状況を作っていました。

あるとき彼が何か行き詰まってセッションにやって来たとき、心に引っかかっていた過去の出来事を話してくれました。それは後輩にいわれのない文句を言われてケンカのようになってしまったことが、彼には納得がいかなかったという内容でした。その話を聞いた私は、「サマー」にありがちな勘違いの話をしました。

「サマーは大体の場合、真面目で誠実で人を裏切るようなことは絶対にしないし、人を攻撃するくらいなら自分が我慢した方がマシと思いますよね。でも、全くそうではないタイプを想定してみましょう。たとえば楽しいことが好きな『スプリング』で気ままな無責任タイプの人が、何かでイライラしていたとしたらどうですか？　飲み会で意味の分からない文句を言ってきた後輩も、こんな感じじゃなかったですか？」

「あっ！　確かにこんな感じです」

「だとすれば、この後輩にあなたが真正面から『何が悪かったのか？　自分が何か悪いことをしたのか』と考えていたとして、その意味や気遣いが相手に通じると思いますか？」

「そうかぁ。私はずっとそのことが気になって考えていましたが、相手は気分次第で言いがかりを付けていただけかもいれないということですね？」

「サマー」の気遣いは、それはそれは細やかなものです。サマーは真面目なので、起きた出来事にきちんと筋道をつけようとしてしまいます。自分に何か落ち度があったから相手は怒っていると思いがちですが、その優しさが相手をつけあがらせてしまうことを言われたら、毅然と対応することもあるのです。自分の身に覚えのないことに文句を言われたら、毅然と対応することが健全な対人関係を保つ策でもあります。

どこが悪くて相手を怒らせているのだろうと、いつも自分を責めていた

男性は自分がずっと気に掛け過ぎていたこと、過剰に気を使い過ぎていたことに気が付きました。30代後半まで厳しいビジネスの現場で立派に仕事をやって来ていても、誠実すぎる性格が仇となり、気苦労の絶えない人は案外いるものです。

このとき、彼は「サマー」の色を着て数年が経っていました。おそらく後輩との出来事は、サマーの特徴がいつも自分を疲れさせてしまう方向へ使われたことを修正すべく、彼が色に導かれて起こったものだったのでしょう。しかし彼にはそのことが理解できず、納得のいかない違和感としてずっと心の片隅に残っていたのです。

自分を優先していいと分かったことで、他人にも優しくなれる

色はその特徴をポジティブでもネガティブでもなく、エネルギーの特徴としてあなたに促しているのですが、私たちはそのエネルギーをバランス悪く使ってしまうことがあります。自分の色を着ることで纏う電磁波が整ってきたにも関わらず、ネガティブに使い続けていると、それを修正しようとする出来事が起きるのです。その出来事によってバランスを取り戻すよう促す作用が早めに届き、健全さを求めてきます。

彼はずっと他人に中心軸を置いて生きていました。自分に悪いところがなくても他人は勝手に怒ることもあり、必要以上に気を使わなくていいのだと腑に落ちたはずです。相手が家族や身近な人ならここまで犠牲的にはならないのですが、会社関係となると過剰なまでの気遣いスイッチが自動的に入ってしまう習慣に陥っていたのです。

プライベートであろうがオフィシャルであろうが、自分が誠実にやっていれば何が起こっても不安になる必要はない。毅然と対応しても相手に失礼になるわけではない。そう自らにインストールし、不可解な出来事を解釈するためのセッションでした。

自分を大切にすればするほど、実は他人へ優しく出来るというのが真実です。自分を粗末にしていると、自分を大切に出来ている人に嫉妬します。自分ができないことをしている人が羨ましく妬ましいからです。他人へのキャパシティを拡げるためには、自分を心から愛することです。

そのためにも、自分の特徴を色から知って認めることは、自分を愛する最短の道のりといえるのです。

自信をもった平社員は、経営層への転職を決めた

自分を普通の人だと思い込み、評価せずに生きてきた

次にご紹介する女性とは、初めてお会いしてから8年以上の月日が流れ、その間に彼女の人生を大きく変えることに関わってきました。この方も自分の能力の高さに気付いていない一人だったといえます。出会った当初は、ある会社で人事の採用担当者として働いており、何人もいる部署の一員なのだと思いながら話を聞いていました。

こちらの女性は仕事上、スーツの着用が必要だったのですが、いわゆる紺やグレーは似合わない「スプリング」タイプでした。適したスーツが欲しいとのことで、ショッピングエスコートをしたのを覚えています。

このときは淡々とした表情の少ない方と感じていましたが、今考えれば仕事をこな

すのに毎日手いっぱいで、人生の楽しさに目が向かなかったのでしょう。自分を押さえ込んで自己評価出来ていないため、表情が乏しかったのだと思います。現在の彼女は全く違い、笑顔溢れる「本来の自分」となっています。

色から自分の価値を認める人生が始まった

彼女は「スプリング」の資質として朗らかさや軽快さ、和やかさを兼ね備えているのですが、当時の彼女がそれを知ったところで、あまり役に立たなかったかもしれません。それでも明るく元気な色を着ると少なからず評判が良かったので、「自分の色」を着る毎日が普通となってきた頃、彼女の周囲に様々な問題があることが見えてきました。

単に人事担当者の一人かと思っていたら、採用から教育、現場への引き渡しや中途採用の手配、面接まで、ほとんどの業務を一人でこなしていました。数年経っても昇格する気配がないので事情を聞くと、女性に役職を与えない体質の会社だというのです。

どんなに一所懸命働いて周囲からの人望が厚くても、昇進出来ないままモチベーションや質の向上を求められるのでは道理に合いません。仕事をしない後輩が男性というだけで昇進していく一方で、彼女はそれを直視しないよう努めて堪え忍ぶ姿に、私は疑問を抱きました。

なぜ、彼女がこの理不尽な状況に怒りを感じないよう働いていたのか？　それは、自分が価値ある人間だと自己承認出来ていなかったからです。スプリングの彼女には明るさ、伸びやかさ、行動力、完結力といった優れた能力がたくさんあるのですが、それらを認めて活かそうとはせず、仕事や人間関係を上手くやれていても、本人にとっては当たり前のことでした。無機質な感覚で自分を眺める習慣がついたのは、ひとたび怒りを感じれば抑えきれないほどの感情が沸き起こって大変だと、無意識にブレーキを掛けていたからでしょう。彼女は朗らかな自分の特徴を、怒りを抑えるためだけに使っていました。

自分に目を向け、心に力がみなぎってきた

自分はどういう人間か？　いつどこで自分と向き合い始めるのか？　彼女は似合う色に出会うまで、そのタイミングを見出せないまま過ごしてきました。しかし、色を通して自分の長所である「朗らかさ」を、怒りのブレーキではなく、心の底から笑うことに使っていいのだと気付いたのです。

「心の底から笑っていいと思っていなかった。いつからか、自分の心を閉じ込めないと上手く生きていけないと思い込んでいたのかもしれません」

彼女はとても独立心が強く、ビジネスパーソンとしても仕事をきっちり仕上げる大人の女性なので、仕事人生を生きる中で感情を表現しない方向へ向かってしまっていたのです。その能力も彼女の強みではありましたが、そのせいで知らず知らずのうちに自分の感情から遠ざかっていました。ところが似合う色を着る体験によって、彼女は自分でも忘れていた「明るく朗らか」なもうひとつの強みを蘇らせたのです。

「スプリングは元気で明るく朗らかさが特徴で、色も濁りのないポップな色ですから！」

と私に言われ続け、氷のように凍った心が少しずつ溶ける効果が、服によって起こり始めました。

自分という宝を認め、輝いて生きることが当たり前になった

生き方の変わり目に来た彼女に私が伝えた言葉は、こういうものでした。

「ビジネスパーソンとして結果を出す能力があなたには当然あって、ここまでの人生で実力をしっかり積み上げてきましたよね。そのために淡々と仕事をこなすクールな自分ばかりに重きを置いて、人に朗らかさを与えられる自分を封印してきたのではないですか？　〝朗らかな自分〟は仕事上、怒りを感じたときの誤魔化しにだけ使い、楽しさを謳歌するプラスの使い方を一切していなかった。だとしたら、仕事においてもプライベートでも伸びやかな自分を出せないまま、喜びが間引きされているのと同

じですよ」

そのとき彼女は、ハッとした表情をしました。自分の長所を封じ込めていたことに気付いたのです。そこから彼女はとても笑顔が増え「楽になった！」と笑っていました。窮屈なところに押し込めていた明るさを出してもいいんだと納得したからです。

さらに数年が経ち、彼女は転職を考えるようになりました。女性を役職に就かせる気のない会社に一生働き続けるより、もっと自分の可能性を見つけようと思ったからです。キャリアを積むための役職候補として転職にチャレンジし、見事にこれを果たしました。転職後にも話を聞きましたが、明るく清々しく実力を発揮する仕事ぶりが目に浮かびました。ビジネスパーソンとしての生き方を長いスパンで思い描けたことで、より自分の特性を活かしてチャレンジしていこうと働く姿は、出会ったころの彼女とはすっかり別人でした。

次のステップを目指した経営者は、狙い通りに一段上の顧客を掴んだ

同僚の変化を見て、服装を見直したいと狙っていた

最後にご紹介するこの方は、既に長いキャリアを積んだ50代男性で、それなりの苦労を重ねてこられたことをコンサルしながら伺いました。カラーセッションを受けたい動機はずばり、ビジネスの飛躍でした。

経験も豊富で、現在もどんどん新たなチャレンジをする前向きな性格。同僚がカラーに基づいた服の調達で大きく雰囲気が変わったことを目の当たりにした彼は、全く知らなかったこの分野に着手すれば、自分も何かが変われるのではないかと狙いを定めたようです。

似合う色の結果は、これまでの服を一掃しなければならないものでしたが、「初めからそのつもりでお願いしているので良い機会です！　知らない自分に出会えるのが

楽しみだ！」と清々しく割り切っておられました。さすが、前向きなビジネスパーソンです。そして服だけでなくヘアサロンエスコートも行い、髪型も髪色も一新していただき、紺やグレーのスーツは全て処分したそうです。まさに文明開化です。

実力があって経験豊かでプロフェッショナルという場合、服装だけ抜け落ちているというケースが40代以上の男性には案外あります。服選びの概念が「昭和」のままだったり、体型に合っていないスーツを着ていたりする方が圧倒的に多いのです。ブカブカの靴では歩きにくいように、体型に合わないスーツは自分に相応しいものを考えることができない未熟さを露呈しているのと同じです。デキる一流人は、身なりも相手へのホスピタリティと考えていますので、「着ていれば良い」というレベルでは仕事が成立しないことを心得ています。

いざ似合う色を着てみたら、エネルギッシュになるのが分かった

服はもちろんカバンや靴、名札に至るまで、身に付けるもの全てを変えた彼は、「自

分がよりエネルギッシュになるのが分かった」と話してくれました。これは多くのお客さまからいただく感想で、落ち着く、安定する、イライラしない、余分な力が抜ける……など、色々な表現をいただきます。自分自身でいられるような、安定した状態になれるからだと思います。これは私も長年感じていることで、自分の色に飽きるということはなく、むしろ皮膚の延長線上に似合う色がある感覚です。彼も実際に毎日自分に合う色を着ることで、それまでの自分との対比がはっきりと実感できたのでしょう。

ワンランク上の人と繋がるために、服がモチベーションを高めてくれる

ビジネスチャレンジを目論んで似合う色を調べに来た彼の行動は見事に功を奏し、このように語ってくれました。

「後藤さん、服って大事ですね。特にそれなりの階層の方は、黙って全てを見ておられます。後藤さんの言う〝纏ったオーラ〟まで見ていて、自分が測られているのが

分かりました。そして、ある社長さまに言われました。『あれ？　何か変わったね！　でも良くなった！　いいと思うよ』と。それがきっかけで、さらに上層クラスの凄い方を紹介していただいて。前の私では、そうはいかなかったと思います。私が服を変えたことで、その社長さまは私に対する可能性を感じてくださったからこそ、さらにご紹介いただけたと思います」

私は「狙い通りですね！」と申し上げました。エグゼクティブな人たちは、損か得かだけを見ているわけではありません。その向こうに共鳴出来る未来があるか、発展があるか、意義があるかを同時に見ています。目の前の「都合」だけをみて取引を考えているわけではないのです。お付き合いする相手に対してビジネス関係に値するかを感じようと、ありとあらゆる所へアンテナを貼っていますので、いわゆる「勘どころ」を働かせるセンスは抜群です。そのアンテナに応える繊細な電波をこちらも出して、キャッチが出来ないとご縁は繋がっていかないのです。この状態にチャンネルを合わせていけるようになった彼は、今後もますます独自性を発揮して、繋がれる電波を発信していくことでしょう。

あとがき

私が「似合う色」に夢中になれたのは、数百人の診断をした頃から、グループによって性格がハッキリ違ってくることを発見したからです。もともと心理分析をしようとの意図があって、この仕事を始めたわけではありませんでした。

しかし、色と心が繋がっているとの仮説に基づいて検証を重ねていった結果、私が苦難に満ちた人生をおくらざるを得なかった理由や、自分以外の人間になろうとして自らを苦しめていたことへの謎が、パズルのピースがはまるように解けていったのです。そこから大きなテーマが再来したような宿命を感じるようになりました。人の心を読み解くなど簡単なことではありません。ですが、自分のことが分からなくなって苦しい思いが続くと、生きる気力さえなくしてしまう経験をした私は、皆さんが死ぬほど苦しまなければ自分に出会えない人生では困ると思いました。

「私のように苦しんでいては、意志の弱い人はみんな死んでしまうじゃないか!」
そう叫んだ瞬間がありました。

人には、その人なりの美しさがありますが、それに気付くのは簡単なことではありません。ですから、まずは外側(色と服)から自分を見つめ直して内側(心)と統合させる「トゥルーズカラー」の概念は、意外性が高くて有効な自己承認ツールといえるのです。

心だけを見つめていても、思い込みがある以上、客観視するのは難しいことです。忘れていた自分を思い出し、自分を受け入れる過程は、必ずあなたに大きなギフトを与えてくれます。自分がこの世に持ってきたギフトをあなたも探り出して、清々しく生きて欲しいと願っています。

この本が形になるまでには、長い時間がかかりました。
長いお話し合いの中で、だんだん色についてのご理解が深くなり、色は心を書き換える魔法に値すると共感していただき、寄り添って下さったJディスカヴァーの城村典子氏との出会いがあったからこそと感謝しております。
また出版実現を受け入れて下さったみらいパブリッシングの松崎社長、安藝編集長、そしてスタッフの皆様に心より御礼申し上げます。

後藤妙子

後藤妙子

大学卒業後、大手流通業傘下の婦人服小売業にて16年勤務。顧客から知らされたカラーとの衝撃的な出会いでサラリーマン生活に終止符を打つ。1999年からトゥルーズカラーの活動を始め、2000人以上の服と心の着替えを行ってきた。著名作家本田健氏のオーダーも受け、喜びの声を頂いている。かつて、感情的な母親の攻撃から自分を守りたくて黒を好んだ自分が、似合う色で呪縛から解放される体験を経て、「色心統合力」メソッドを開発。
「自己肯定感不足」と「過剰我慢」の癖から抜け出せないビジネスマンに本当の強みに気づかせ、似合う色の服へリセットさせることで意識改革を実現している。また、似合う色がメンタル強化になる心理分析の講話に定評があり、小中学校の成人教育講演、自治体講演も好評。メンタルまで読み解く診断士の育成にも注力。

東京商工会議所１級カラーコーディネーター（ファッション色彩）
全国心理業連合会上級プロフェッショナル心理カウンセラー、メンタルトレーナー
厚生労働省・文部科学省等の受託業務　SNS カウンセリング相談員

無料メール講座
http://ts-color.net/mailmagazine/

オフィシャルサイト
http://ts-color.net

色心統合ブログ
http://ts-color.net/blog/

Facebook
https://www.facebook.com/tscolor.goto

服《ふく》の色《いろ》で、
損《そん》する人《ひと》、
飛躍《ひやく》する人《ひと》

2019年1月30日　初版第1刷

著者／後藤妙子《ごとうたえこ》

発行人／松崎義行
発行／みらいパブリッシング
東京都杉並区高円寺南4-26-5YSビル3F 〒166-0003
TEL03-5913-8611　FAX03-5913-8011
http://miraipub.jp　E-mail : info@miraipub.jp
企画協力／Jディスカヴァー
編集協力／三角由美子
ブックデザイン／堀川さゆり
発売／星雲社 東京都文京区水道1-3-30 〒112-0005
TEL03-3868-3275　FAX03-3868-6588
印刷・製本／株式会社上野印刷所

ISBN978-4-434-25619-6 C0077